KRISTIAN BARTHEN

.

BRAIN AT WORK

.

Herausgegeben von / Editors:

Martin Langer & Holger Zinke

THIS PHOTOGRAPHIC BOOK
ATTEMPTS TO EXPLORE
THE ESSENCE OF A
BIOTECHNOLOGY COMPANY
.
THE RESULT IS
:
IT IS NOT THE EQUIPMENT,
TECHNOLOGY
OR CAPITAL
THAT MAKES A COMPANY
.
IT IS THE PEOPLE
.
A COMPANY IS COMPARABLE
TO A MULTI-CELLULAR
LIVING ORGANISM
.
HOLGER ZINKE

DIESER BILDBAND
MACHT DEN VERSUCH,
DAS WESEN EINES
BIOTECHNOLOGIE-UNTERNEHMENS
ZU ERGRÜNDEN
.
DAS ERGEBNIS IST
:
ES SIND NICHT DIE GERÄTE,
DIE TECHNOLOGIEN
ODER DAS KAPITAL,
DIE EIN UNTERNEHMEN AUSMACHEN
.
ES SIND MENSCHEN
.
DAS UNTERNEHMEN IST GLEICHSAM
EIN VIELZELLIGER,
LEBENDER ORGANISMUS
.
HOLGER ZINKE

DIE ZUKUNFT SOLL MAN NICHT
VORAUSSEHEN WOLLEN,
SONDERN MÖGLICH MACHEN
.
ANTOINE DE SAINT-EXUPÉRY

Microtiter Hotel at Linear Axis Screening Robot

Molecular Biology Lab 1

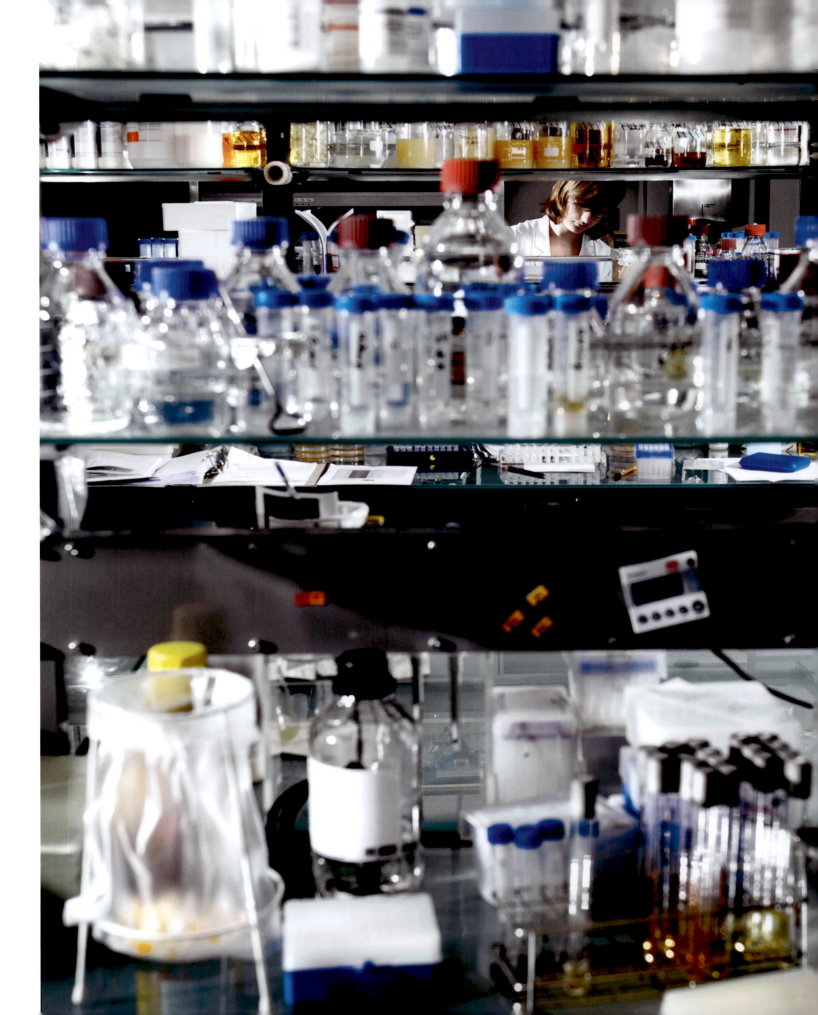

Library

Picking and Spotting Robot

Microbiology Lab 1

DAS UNTERNEHMEN ALS LEBENDIGER ORGANISMUS

VON HOLGER ZINKE

ES SIND VIELE VERSUCHE UNTERNOMMEN WORDEN, „Biotechnologie" als modernes industrielles Gebiet zu vermitteln. Zeitschriftenartikel, Fernsehbeiträge, Interviews sind erschienen, Bücher füllen die Regale. Selten sind diese Versuche wirklich geglückt. Nach wie vor ist das biotechnologische Arbeiten für viele ein großes Mysterium, eine Risikotechnologie, ein faszinierendes oder auch ein Angst einflößendes Buch, jedenfalls eines mit sieben Siegeln. Wer nicht das Glück hatte, in einem Laboratorium zu arbeiten, wird wenig Verständnis für die Begeisterung von Naturwissenschaftlern aufbringen können, für deren Art zu denken, Experimente zu planen, Ergebnisse zu diskutieren und zu kommentieren. Noch weniger wird er verstehen, warum Naturwissenschaftler, Ingenieure und Techniker eine solch hohe Frustrationstoleranz entwickeln können, wo doch mehr als 90 % der Experimente scheitern und neue Experimente erforderlich machen. Der Naturwissenschaftler versteht dagegen nicht, warum sich die Faszination des Entdeckens, der Reiz des Erfindens nicht mitteilt und die Befriedigung, bei der Erweiterung des Wissens einen Beitrag geleistet zu haben, häufig nicht vermittelbar ist. Die BRAIN AG ist ein Technologieunternehmen mit einem 75-köpfigen Team, welches zu annähernd gleichen Teilen aus Naturwissenschaftlern, Ingenieuren und Technikern besteht. BRAIN ist ein „High-Tech" Betrieb, aber was wird dort gemacht, welche Produkte werden hergestellt oder verkauft, warum gibt es BRAIN überhaupt? Seit Gründung 1993 wird immer wieder versucht, die Inhalte, die Technologien, das Geschäftsmodell, die Produkte, mithin das „Wesen" der BRAIN zu dokumentieren. Häufig wenig erfolgreich.

ALS MITTE 2008 DER JUNGE FOTOGRAF KRISTIAN BARTHEN, Student an der Hochschule Bielefeld, mit einem Stipendium des Werkbundes ausgestattet BRAIN besuchte und einige Aufnahmen für ein Ausstellungsprojekt anfertigte, war plötzlich alles anders und plötzlich sehr einfach. Mitarbeiter wurden wie selbstverständlich bei ganz alltäglichen Tätigkeiten dokumentiert. Es wurde nicht inszeniert, nur beobachtet. Chemikerin, Pharmazeut, Molekularbiologin, Ingenieur, Rechtsanwältin, Laborant, Technikerin oder Zellbiologe treten in den Bildern auf, ohne dass sie einfach zuzuordnen wären. ▸

THE COMPANY AS A LIVING ORGANISM

BY
HOLGER ZINKE

THERE HAVE BEEN MANY ATTEMPTS to portray "biotechnology" as a modern industrial field in newspaper articles, television programs, interviews and in countless books, which fill the shelves. Very rarely do these attempts really succeed. For many people biotechnological work is still a great mystery, a risky technology, a fascinating, even scary, all but sealed book. Those not so fortunate to work in a laboratory will have little appreciation for the enthusiasm of scientists and for their way of thinking, planning experiments and discussing and commenting on results. To an even lesser extent can they understand how scientists, engineers and technicians have developed such a high tolerance of failure, when more than 90 % of experiments are unsuccessful and need repeating. Then again, the scientist finds it difficult to understand why the fascination of discovery and the stimulus of invention are so hard to convey, and the satisfaction of contributing towards increasing knowledge is often not communicable.

BRAIN AG is a technology company employing a team of 75 scientists, engineers and technicians in almost equal proportions. BRAIN is a "high-tech" company, but what is actually going on here, what is produced or sold here and why does BRAIN exist at all? There have been several attempts since its foundation in 1993 to document the substance, technology, business models, products and essence of BRAIN—mostly with little success.

A YOUNG PHOTOGRAPHER NAMED KRISTIAN BARTHEN, a student at the Hochschule Bielefeld, came to visit BRAIN in mid-2008 on a scholarship from the Werkbund to take a few photographs for an exhibition. Suddenly everything was very different. Things became simple and clear.

Ob Messgerät oder Ingenieur Bildgegenstand ist, ist ebenfalls nicht mehr aufzulösen, alles fließt zusammen. Kristian Barthen war nicht mehr Fremdkörper, sondern Teil des „Organismus" BRAIN geworden. Die resultierenden Fotografien bilden Komplexität, aber auch direktes menschliches Wirken, zugleich Kopf- und Handarbeit, ab. Und so gelang es, das „Wesen" eines Unternehmens zu dokumentieren: das Zusammenwirken von Einzelnen, im biologischen Sinne gleichsam die Zellen, die ein gemeinsames „Ganzes" bilden, einen intelligenten, vielzelligen Organismus, der mehr ist als die Summe seiner Bestandteile.

DIESEN ORGANISMUS KÜNSTLERISCH ZU DOKUMENTIEREN, war das dann gemeinsam gesteckte Ziel. Wie immer bei Einfällen dieser Art musste viel Zeit und Herzblut investiert werden, bis das Projekt abgeschlossen war. So ist schließlich ein Buch über ein Unternehmen entstanden. Es wird klar: Ein Unternehmen ist nicht einfach eine „Firma", ein austauschbarer Briefkasten, ein Logo, eine Marke, eine Rechtsform. Es ist keine „Legal Entity", in der kapitaleffizient Projektarbeit bis zu einem „Exit" betrieben wird. In einem Unternehmen wie BRAIN wird ständig etwas unternommen, jeder Einzelne wird täglich mit Neuem konfrontiert: mit Herausforderungen und Problemen, denen mit Ernsthaftigkeit, Kompetenz, Passion und meistens auch Spaß begegnet wird. Der Beruf wird zur Berufung. Und so schafft es ein Unternehmen, trotz allgemein widriger Umstände über Jahre eine Erfolgsgeschichte zu werden. Wachstum, Profitabilität und Wertentwicklung gehen Hand in Hand, ein lebensfähiger Organismus wurde geboren und er wächst und gedeiht. Und das, stellt man fest, mit offensichtlich ganz normalen Menschen.

Es ist der Mensch, der diese Werte schafft. Genauer: das Zusammenwirken von ganz unterschiedlichen Menschen. Und so steht Kristian Barthens fotografischer Ansatz in der Tradition von großen fotografischen Werken aus der ersten Hälfte des vergangenen Jahrhunderts, die den Respekt vor dem arbeitenden Menschen, der durch sein Wirken Erkenntnisse erzielt, Produkte herstellt und Werte schafft, zum Gegenstand hatten. Dieser Respekt ist im Zeitalter des „Shareholder Value", der Deindustrialisierung und der Dienstleistungs- oder Freizeitgesellschaft verloren gegangen.

Es ist das Verdienst Kristian Barthens, das Wesen eines Unternehmens erfasst und in der Darstellung der Menschen, die nicht einem „Job", sondern einem Beruf, vielleicht einer Berufung nachgehen, dokumentiert zu haben. Wie gut, dass Künstler den Blick für das Wesen, für das Wesentliche bewahrt haben.

HOLGER ZINKE • *Dr. Holger Zinke ist Molekularbiologe und Mitgründer der BRAIN und Vorsitzender des Vorstands. Für sein unternehmerisches Wirken wurde ihm 2008 als „Pionier des nachhaltigen Wirtschaftens" zusammen mit Prof. Dr. Ernst-Ulrich von Weizsäcker der deutsche Umweltpreis verliehen.*

The employees were portrayed quite naturally performing their everyday tasks. Nothing was staged, only observed. Chemist, pharmacist, molecular biologist, engineer, attorney, laboratory assistant, technician or cell biologist performed together, but without acting out a specific role. Whether a measuring device or an engineer is the focus of a picture cannot is unclear, everything merges. Kristian Barthen was no longer a foreign particle; he became an integral part of the "organism" BRAIN. The resulting photographs reveal a degree of complexity, but also document direct human action — mental and manual work together. The artist has succeeded in conveying the essence of a company, in the biological sense of cells joining to form a "whole" — an intelligent multi-cellular organism, being more than the sum of its parts.

THE MUTUAL OBJECTIVE WAS THEN to create an artistic document of this organism. As always with ideas of this kind, it required putting a lot of time and passion into the project. The final outcome is a book about a company. This book reveals that a company is not just a "concern", a replaceable letterbox, logo, trademark or legal form. It is not just a Legal Entity, in which projects are brought to a cost-effective close. There is always something happening in a company such as BRAIN. Every day each individual faces new situations, challenges and problems and meets these with earnestness, competence, passion and, in most cases, pleasure. Occupation becomes mission. These are the ingredients that turn a company into a long-term success story despite generally adverse conditions. Growth, profitability and value development go hand in hand; a viable organism has been born and now it is thriving and growing — and all this has been achieved by apparently ordinary people.

Humans create these values. More precisely: the collaboration between very different people. Thus, this photographic creation is in the tradition of the great photographic masterpieces of the first half of the last century. These historical documents reveal a deep respect for the working human being who through his work acquires knowledge, manufactures products and creates values. This respect has been lost in the era of Shareholder Values, de-industrialisation and the service-based or leisure-orientated society. Kristian Barthens must be commended for documenting the essence of a company and portraying the people who are not just "doing a job" but are following a career, even a mission. How marvellous that the artist has retained an eye for the essence, for the essential.

■

HOLGER ZINKE ▪ *Dr. Holger Zinke is a molecular biologist and co-founder and CEO of BRAIN. For his entrepreneurial activities he was awarded the German Environmental Award 2008 as "pioneer of sustainable management" together with Prof. Dr. Ernst-Ulrich von Weizsäcker.*

WEISSE BIOTECHNOLOGIE :
WEGBEREITER DER „WISSENSBASIERTEN BIO-ÖKONOMIE"

VON JÜRGEN ECK

DIE AUF DIE EUROPABIO zurück gehende Definition des Begriffes „Weiße Biotechnologie" spricht von der Verwendung des „Werkzeugkastens der Natur für industrielle Anwendungen". Mit anderen Worten: Die Weiße Biotechnologie ist den Lösungen der Natur auf der Spur und führt diese einer industriellen Verwertung zu. Die Weiße oder auch industrielle Biotechnologie wird viele Industrien in den nächsten 10 bis 30 Jahren stark beeinflussen und dabei helfen, einen durchgreifenden Transformationsprozess erfolgreich umzusetzen. Zu dieser Erkenntnis ist eine im Rahmen der deutschen EU-Ratspräsidentschaft im Jahr 2007 beauftragte international besetzte Expertenkommission aus Wissenschaft, Wirtschaft und Politik gekommen. In der Studie mit dem Titel „En Route to the Knowledge-Based BioEconomy", welche als „Cologne Paper" am 30.05.2007 dem Fachpublikum vorgestellt wurde, kamen sie zu dem Ergebnis, „dass die Biotechnologie immer mehr zu einer der tragenden Säulen von Europas Wirtschaft wird". Biotechnologie ist nach Meinung des Expertenteams „unabdingbar für nachhaltiges wirtschaftliches Wachstum, Beschäftigung, Energieversorgung sowie den Erhalt des Lebensstandards" und „wird verstärkt in arbeitsintensiven Sektoren wie z.B. industrieller Prozessierung, Herstellung von Pharmazeutika, Agrar-Kultur und im Nahrungsmittelsegment eingesetzt". In Bezug auf die wirtschaftlichen Aussichten resümieren die Autoren des Cologne Papers, dass „bereits 2030 die Produkte der Weißen Biotechnologie und Bio-Energie ungefähr ein Drittel der gesamten industriellen Produktion ausmachen werden, was einem ungefähren Wert von 300 Mrd. Euro entspricht".

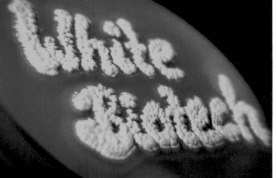

WHITE BIOTECHNOLOGY:

A FIRST STEP TOWARDS "KNOWLEDGE BASED BIO-ECONOMY"

BY JÜRGEN ECK

THE TERM "WHITE BIOTECHNOLOGY" was first coined by EuropaBio and was described as the application of nature's toolbox to industrial production. In other words, white biotechnology tracks down natural bioactive substances and applies these to industrial processes. White or industrial biotechnology will have a strong influence on many industrial sectors in the coming 10 to 30 years by helping to successfully implement a sustainable transformation process. This prediction was voiced by a committee of experts from science, economy and politics commissioned during the German Presidency of the European Council in 2007. In a study titled "En Route to the Knowledge-Based Bio-Economy", which was dubbed the "Cologne Paper" at a meeting of experts on May 30 2007, the committee concluded "that biotechnology is increasingly developing into one of the mainstays of European economy". According to the team of experts, biotechnology is "indispensable for sustainable economic growth, employment, energy supply as well as for maintaining standards of living" and "increasingly implemented in work intensive sectors such as the production of pharmaceuticals, agriculture and the food industry". The authors of the Cologne Paper predict that "white biotechnology products will have a one third share of industrial production in 2030, worth 300 billion".

NACHHALTIGKEIT

DER WERTTREIBER hinter den Aktivitäten der Weißen Biotechnologie ist das Streben nach Nachhaltigkeit. Eine nachhaltige Wirtschaftsentwicklung wird dabei von sozialen Treibern wie einer ständig wachsenden und dabei stetig älter werdenden Bevölkerung sowie von ökologischen Treibern wie dem Zugang zu fossilen bzw. alternativen Rohstoffen und der Vermeidung von Abfallströmen bestimmt. Daneben stehen klare ökonomische Treiber wie z.B. der zunehmende Margendruck aufgrund volatiler und steigender Energie- und Rohstoffkosten und der nicht zuletzt wegen der rasant fortschreitenden Globalisierung wachsende Innovationsbedarf.

INNOVATIONEN

ANGESICHTS DIESER GROSSEN AUFGABEN stellt sich die Frage, was die Weiße Biotechnologie hierzu beitragen kann und warum sie als eine der tragenden Säulen der wissensbasierten Bio-Ökonomie der Zukunft angesehen wird. Auf der einen Seite ist die Weiße Biotechnologie in der Lage, alternative energie- und ressourcenoptimierte Prozesse und Herstellverfahren anstelle der bestehenden Systeme zu liefern und dabei insbesondere die Fragen der Kostenreduktion durch verbesserte, nachhaltigere Produktionsverfahren sowie die Verwendung alternativer, nachwachsender Rohstoffe zu adressieren. Dabei reicht das Spektrum der Prozesse und Prozess-Optimierungen von biotechnologisch hergestellten Aminosäuren über temperaturoptimierte Enzyme in Waschmitteln, Vitaminen, Enzymen für Lebensmittel, biokatalytischen Synthesen von Fein- und Spezialchemikalien bis hin zu Designer-Mikroorganismen, die fermentative Produktionsverfahren von Spezial- und Massen-Chemikalien auf Basis von nachwachsenden Rohstoffen ermöglichen. Die Nutzung alternativer Rohstoffe ist dabei ein wesentlicher Treiber in der Entwicklung von Designer-Mikroorganismen zur fermentativen Herstellung von hunderttausenden von Tonnen von z.B. Bernsteinsäure, 1,2- und 1,3-Propandiol, Acrylsäure oder Isopren.

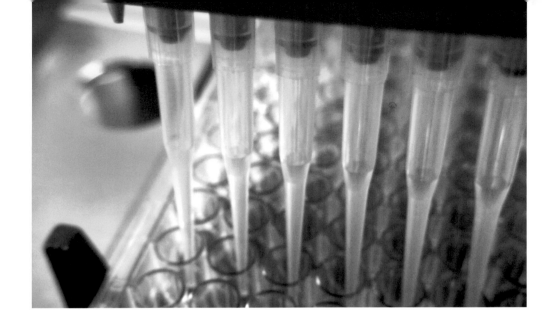

SUSTAINABILITY

SUSTAINABILITY IS ONE OF THE MOST IMPORTANT driving forces behind white biotechnology. Sustainable economic development is controlled by social drivers such as a continuously growing and ageing population, as well as ecological drivers such as access to fossil fuels and alternative raw materials and avoidance of waste flows. However, all these are superseded by clear economic forces i.e. an increasing margin pressure due to volatile and rising energy and raw material costs and a growing demand for innovations, which, in the end, is the result of rapid globalization.

INNOVATIONS

WITH THESE IMMENSE TASKS IN MIND, the question must be: how can white biotechnology contribute and why is it seen as one of the mainstays of the knowledge-based bio-economy of the future? For one, white biotechnology is capable of delivering an energy-optimised, resource-saving alternative to existing systems. These novel approaches contribute towards reducing costs by improving sustainable production procedures as well as utilizing alternative, renewable raw materials. White biotechnology is implemented in a wide range of processes from biotechnological production of amino acids, temperature-optimised enzymes for detergents, vitamins, food enzymes, biocatalytic synthesis of fine and special chemicals through to the development of designer microorganisms, which facilitate the production of special and bulk chemicals using renewable raw materials. The utilization of alternative raw materials is one of the main driving forces behind the development of designer microorganisms for the fermentative production of hundreds of thousands of tons of chemicals such as succinic acid, 1,2- and 1,3-propanediol, acrylic acid or isoprene.

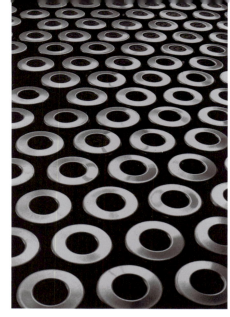

VIEL WICHTIGER ERSCHEINT JEDOCH DIE MÖGLICHKEIT, mit der Weißen Biotechnologie gänzlich neue Produkte und Produktinnovationen zu generieren, die neue Märkte definieren. Mit neuen bio-basierten Molekülen kann wirtschaftliches Wachstum verstetigt bzw. einer „Kommodisierung" der Produktpalette entgegengewirkt werden. Schlagworte wie „Nutraceuticals" und „Cosmeceuticals" umschreiben dabei einige der Zukunftsfelder. Die Suche nach neuen natürlichen Süßstoffen und Zuckeraustauschstoffen, neuen Effekt-Biopolymeren bis hin zu innovativen auf Naturstoffen basierenden Wirkkomponenten in Kosmetika mögen hier als Beispiele dienen.

EVOLUTION

IM DARWIN-JAHR 2009 hat diese Suche nach biologischen Lösungen besondere Aktualität: 3,5 Milliarden Jahre der Evolution haben zu einer riesigen Artenvielfalt von Mikroorganismen geführt, die als nano-skalige Chemiefabriken erstaunliche Syntheseleistungen vollbringen, nicht selten mit CO_2 als einziger Kohlenstoffquelle oder anorganischen Substraten zur Energiegewinnung. So sind in einem Kubikzentimeter einer gewöhnlichen Bodenprobe rund 10.000 verschiedene Mikroorganismen und damit Millionen verschiedener Enzyme, Synthesewege als potenzielle Lösungen für optimierte Herstellprozesse und als Quelle neuer Produkte enthalten. Die klassische industrielle Mikrobiologie nutzt diese Ressource der kultivierbaren Mikroorganismen erfolgreich. Heute basiert der wachsende Einsatz und Erfolg der Weißen Biotechnologie insbesondere auf neuen Technologien und der disziplin-übergreifenden Integration von Technologien und Wissenschaften. So war die industrielle Biotechnologie noch bis Mitte der neunziger Jahre durch die eingeschränkte Zugänglichkeit der mikrobiellen Biodiversität aufgrund technischer Limitationen geprägt. Die Integration etwa der Metagenom-Technologie mit parallel entwickelten hochdurchsatzfähigen Screening-Technologien, der Optimierung von Enzymen und Synthesewegen bis hin zum Design von synthetischen Synthesewegen, wie sie bei BRAIN etabliert sind, ermöglichen heute die Entwicklung neuer maßgeschneiderter Enzyme, Biokatalysatoren und leistungsfähiger Produzentenorganismen für Feinchemikalien, Nahrungsergänzungsmittel und bioaktive Systemkomponenten für innovative Produkte.

HOWEVER, MUCH MORE IMPORTANT is the possibility of utilizing white biotechnology to define and address completely new markets by generating novel products and innovations. Novel biomolecules can help to contribute to sustainable economic growth and counteract the commodification of the product range. Buzzwords such as "nutraceuticals" and "cosmeceuticals" describe some of the future application fields where white biotechnology can be applied to the search for new, natural sweeteners and sugar replacements, new effect biopolymers and innovative active ingredients based on natural substances for cosmetics.

THE SEARCH FOR BIOLOGICAL SOLUTIONS is especially relevant in 2009 — Charles Darwin's bicentennial: 3.5 billion years of EVOLUTION has produced an enormous diversity of microorganisms, each of which is a chemical factory on the nano-scale. Their ability to synthesize products from simple raw materials is astounding. Quite often all they need is CO_2 as the sole carbon source, or an inorganic substrate for generating energy. Thus a single cubic centimetre of soil may contain up to 10,000 different microorganisms and therefore millions of distinct enzymes and synthetic pathways. Each of these may lead the way towards new products or provide a solution for optimising production procedures. The classical industrial microbiology has been using cultivated microorganisms as a resource for decades. Today, the growing success and implementation of white biotechnology is based on new technologies and interdisciplinary integration of technologies and science. Until the mid-1990s industrial biotechnology was still suffering from technical limitations, which restricted access to the microbial biodiversity. For example, the established integrative approach at BRAIN, combining metagenome technology with fast screening technologies, enzyme optimization and synthetic synthesis pathway design, facilitates the development of tailored enzymes, biocatalysts and powerful producing organisms for fine chemicals, dietary supplements and bioactive system components for innovative products.

INDUSTRIEVERBUND

VIELE GLOBAL AUFGESTELLTE UNTERNEHMEN der chemischen Industrie haben bereits damit begonnen, unter Nutzung der Biotechnologie verbesserte Herstellungsprozesse und innovative Produkte zu entwickeln und auf den Markt zu bringen. Sie gehen dabei verstärkt Kooperationen und Partnerschaften mit spezialisierten Technologie-Unternehmen der Weißen Biotechnologie ein. In diesen Partnerschaften zeigt sich das Potential der Weißen Biotechnologie, sich als komplementäre Industrie neben traditionellen Branchen zu etablieren. Letztlich ist der Wandel von Strukturen innerhalb eines Segments und zwischen den Unternehmen ein zentraler Punkt für den Erhalt der Zukunftsfähigkeit. Und so ist die Etablierung neuer Unternehmen, neuer Geschäftsmodelle und neuer Wertschöpfungsketten in zueinander komplementären Branchen auch ein Zeichen für den Wandel hin zur Realisierung einer wissensbasierten Bio-Ökonomie.

JÜRGEN ECK ▪ *Dr. Jürgen Eck ist Molekularbiologe und stieß 1994 zum Gründungsteam der BRAIN. Im Jahr 2000 wurde er in den Vorstand berufen und ist dort für Technologie, Forschung und Entwicklung und für das Kooperationsportfolio verantwortlich.*

BEREITS ANFANG 2006 hat sich vor diesem Hintergrund der so genannte Industrieverbund Mikrobielle Genomforschung, IMG e. V., (www.industrieverbund-genomik.de) formiert, dessen Ziel es u. a. ist, im Bereich der Weißen Biotechnologie Synergien zwischen industriellen und auch akademischen Partnern zu nutzen und damit gemeinsam Innovationen voranzutreiben. Unterstützung finden diese Industrieaktivitäten aber auch in der Politik. So hat das Forschungsministerium (BMBF) bereits Ende 2006 zwei Förderprogramme ausgeschrieben, welche dediziert die Weißen Biotechnologie-Aktivitäten in Industrie und Akademia unterstützt. Diese Aktivitäten bereiten den Weg für ein kooperatives und arbeitsteiliges Zusammenwirken von Chemie- und Biotechnologieindustrie, Akademia und Politik in eine nachhaltige und erfolgreiche Zukunft.

INDUSTRIAL ASSOCIATION

MANY GLOBAL PLAYERS in the chemical industry already use biotechnology to improve production processes and develop and market innovative products. There is an increasing trend for these concerns to collaborate with technology companies specialised in white biotechnology. These collaborations are an indication of the potential of white biotechnology to establish itself as a complementary industry next to traditional industry-segments. To all intents and purposes the transformation of structures within a sector and between companies is a key element for maintaining future viability. Therefore the emergence of new companies, novel business models and new value chains within complementary sectors is also an indication of a transformation towards realizing a knowledge-based bio-economy.

AT THE BEGINNING OF 2006, against the backdrop of these developments, leading companies in the chemical, pharmaceutical and nutrition industries formed an association called "Industrieverbund Mikrobielle Genomforschung, IMG e.V." (www.industrieverbund-genomik.de). One aim of this association is to make use of the synergies between industrial and academic partners in the white biotechnology sector in order to advance the development of innovations. Such industrial activities also receive political support. For example, the BMBF sponsored two support programmes at the end of 2006 which were aimed at promoting white biotechnological activities in industry and in academic research groups. Such activities pave the way for a cooperative interaction between chemical and biotechnological industries, science and politics on their joint way to a sustainable, successful future.

JÜRGEN ECK ▪ *Dr. Jürgen Eck is a molecular biologist. 1994 he joined the founding team of BRAIN. In 2000 he was appointed to the managing board where he is responsible for technology, research and development, and the cooperation network.*

EIN BLICK ZURÜCK NACH VORN

:

BRAIN, EIN „URGESTEIN" DER DEUTSCHEN BIOTECHNOLOGIE

VON MARTIN LANGER

DER DAS BAUHAUS-GEBÄUDE DURCHZIEHENDE GERUCH nach feuchtem Waldboden scheint in direktem Gegensatz zu den modern ausgestatteten Laboren zu stehen. Doch ist dieser Geruch für das Unternehmen und die Tätigkeiten des Forscherteams sehr charakteristisch. Er stammt nicht von feuchten Mauern, sondern ist das Stoffwechselprodukt eines hoch entwickelten Mikroorganismus. Die Wissenschaftler der BRAIN arbeiten im wahrsten Sinne mit dem „Werkzeugkasten der Natur", um neue industrielle Anwendungen zu kreieren.

MOLEKULARE BIONIK

DIE BRAIN AG gehört zu den führenden Unternehmen auf dem Gebiet der industriellen Weißen Biotechnologie. Im Rahmen strategischer Kooperationen identifiziert und entwickelt das Unternehmen für seine Industriepartner in der Chemie-, Pharma-, Kosmetik- und Nahrungsmittelbranche innovative Produkte und Lösungen auf Basis der in der Natur vorhandenen, aber bislang unerschlossenen mikrobiellen Vielfalt. Die Geschichte geht dabei für ein deutsches Biotechnologieunternehmen weit zurück. 1993 wurde das Unternehmen von Mitarbeitern des Lehrstuhls für Biochemie an der TU Darmstadt gegründet. Mit im Gründerteam war einer der Wegbereiter der modernen Biotechnologie in Deutschland, Prof. Dr. Hans-Günter Gassen. BRAIN verfolgte von Anfang an ein mittelständisches Geschäftsmodell. Wenige Monate nach der Gründung wurden weitere qualifizierte Mitarbeiter eingestellt, die sich, von der Vision der Gründer angesteckt, unter Verwendung des „Werkzeugkastens der Natur" mit der Beantwortung industrieller Fragestellungen beschäftigten. Heute beschäftigt das Unternehmen 75 Mitarbeiter.

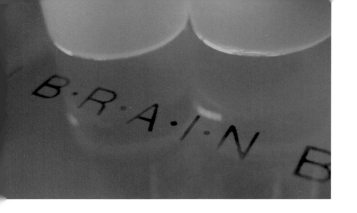

A LOOK BACK TO THE FUTURE

BRAIN, A PIONEER OF GERMAN BIOTECHNOLOGY

BY MARTIN LANGER

MOLECULAR BIONICS

THE SCENT OF MOIST FOREST SOIL pervading the Bauhaus building seems to contrast directly with the state-of-the-art laboratories. However, this odour is typical for the company and the work carried out by the research team. BRAIN scientists are literally using nature's toolbox for industrial applications.

BRAIN IS ONE OF THE LEADING COMPANIES in the industrial white biotechnology sector. Working on the basis of strategic co-operations, BRAIN identifies and develops innovative products and solutions for industrial partners in the chemical, pharmaceutical, cosmetic and food sectors based on the yet-untapped, naturally occurring microbial diversity. BRAIN is one of the oldest German biotechnology companies, founded in 1993 by two employees of the Department of Biochemistry at the TU Darmstadt. Also in the founding team of these "Pioneers of German biotechnology" was one of the trailblazers of modern biotechnology in Germany, Prof. Dr. Hans-Günter Gassen. From the beginning BRAIN has followed the "Mittelstand" business model of a typical medium sized German company. A few months after the launch, the founding team recruited several highly qualified employees, each inspired by the vision of the founders to solve industrial problems using "nature's toolbox". The company currently employs 75 people.

BIOAKTIVE NATURSTOFFE, Enzyme und Produktions-Mikroorganismen identifiziert BRAIN dabei im über viele Jahre aufgebauten „BioArchiv", das zu den umfangreichsten Archiven seiner Art gehört. Da nur etwa ein Prozent der mikrobiellen Vielfalt in den Laboren der Welt kultiviert werden kann, ist es durch die Entwicklungen der Metagenom-Technologie in den letzten Jahren gelungen, auch die 99 % der bislang nicht-kultivierbaren Mikroorganismen industriell zugänglich zu machen. Letztlich ist dieses BioArchiv eine große, hoch diverse Gen-Bibliothek, in der etwa 200 Millionen unterschiedlicher, mikrobieller Gene lagern. Diese Gene codieren für Enzyme und Biokatalysatoren, die sukzessive auf industriell interessante Kandidaten hin durchmustert werden. Die Integration parallel entwickelter, hoch durchsatzfähiger Screening-Technologien, der Optimierung von Enzymen und Synthesewegen bis hin zum Design neuer Syntheserouten ermöglichen heute die Nutzung maßgeschneiderter Biokatalysatoren und leistungsfähiger Produzentenorganismen.

Denn es kann davon ausgegangen werden, dass im Verlauf der mehr als 3,5 Milliarden Jahre andauernden Evolution in der Tat auf die meisten der industriellen Fragestellungen durch die in der Natur vorkommenden Mikroorganismen bereits eine positive Antwort in Form eines Naturstoffes, eines Enzyms oder eines Biokatalysators „erfunden" wurde. Es ist also Aufgabe von BRAIN, diese Antwort zu entschlüsseln und einer industriellen Verwertung zuzuführen. Letztlich könnte man den technologischen Ansatz der BRAIN als eine Art „Molekulare Bionik" umschreiben.

STRATEGISCHER PARTNER

SEIT DER UNTERNEHMENSGRÜNDUNG ist die BRAIN AG über 60 strategische Kooperationen mit führenden Unternehmen der chemischen Industrie eingegangen. Zu den Kooperationspartnern zählen unter anderem BASF, Ciba, Clariant, DSM, Evonik Degussa, Genencor, Henkel, Nutrinova, Sandoz, Schering, Südzucker und Symrise. Inhaltlich befasst sich BRAIN dabei zusammen mit seinen Partnern zum einen mit der Optimierung von industriellen Prozessen. Dabei steht die Verbesserung von Verfahren im Vordergrund, die mit einer Reduktion des Energieeintrages bzw. einer Verwendung alternativer, nachwachsender Rohstoffe einher gehen. Die BRAIN entwickelt hierbei zusammen mit den Kooperationspartnern auch in ihrer Produktionsleistung bzw. -fähigkeit optimierte mikrobielle Produktionsorganismen, sogenannte „Designer Bugs", um neue industrielle Prozesse und Verfahren zu ermöglichen. Aber es werden zusammen ▸

BRAIN IDENTIFIES bioactive natural substances, enzymes and production microorganisms collected within the last few years in a vast "bio-archive" — one of the largest of its kind. Only about one percent of the microbial diversity can be cultivated in laboratories. However, the recent development of metagenome technology has made it possible to utilize the remaining 99 % uncultivable microorganisms for industrial purposes. To all intents and purposes one can imagine this bio-archive as a vast, highly diverse gene library presently containing about 200 million different microbial genes. These enzyme and biocatalyst encoding genes are screened consecutively for interesting candidates for industrial applications. The approach, which integrates proprietary fast-screening technologies, enzyme engineering and novel synthesis pathway optimisation and wich includes the design of synthesis routes, makes it possible to utilize tailored biocatalysts and powerful producer organisms today.

One can safely assume that after more than 3.5 billion years of evolution, naturally occurring microorganisms have already "invented" a solution to most industrial issues in the form of a natural substance, an enzyme or a biocatalyst. Companies such as BRAIN, are now deciphering this solution and utilizing it in industrial applications. To make a long story short, one could actually describe the technological approach of BRAIN as a type of "molecular bionics".

STRATEGIC PARTNER

SINCE THE FOUNDING OF THE COMPANY, BRAIN AG has formed over 50 strategic cooperations with leading companies in the chemical industry including BASF, Ciba, Clariant, DSM, Evonik Degussa, Genencor, Henkel, Nutrinova, Sandoz, Schering, Südzucker and Symrise. BRAIN works closely with these partners to achieve improvements in industrial processes by reducing energy inputs and using alternative, renewable raw materials. BRAIN also cooperates with its partners to develop production microorganisms, so-called "designer bugs", with optimised efficiency and capabilities to facilitate novel industrial processes and procedures. In addition, together with the strategic partners of BRAIN, innovative product candidates for hitherto undefined markets are identified and developed.

mit den strategischen Partnern auch innovative Produkt-Kandidaten für neue Märkte identifiziert und entwickelt.

BAUHAUS UND BRAIN

FUNKTIONALITÄT und innovative Herangehensweisen waren die Basis und der Erfolg der Bauhaus-Ära. „Die Bauhaus-Lehre versuchte, rationale Prinzipien zu identifizieren und zu entwickeln. Das Bauhaus gab nicht vor, nur eine Handwerksschule zu sein; Kontakte mit der Industrie wurden bewusst gesucht. Die alten Handwerksstätten wandelten sich in industrielle Laboratorien und von ihrem experimentellen Schaffen wurden Standards für die industrielle Produktion abgeleitet. Beginnend mit den einfachsten Werkzeugen und leichten Aufgaben meisterte man schrittweise größere Herausforderungen und blieb so mit dem gesamten Produktionsprozess verbunden", so der Bauhaus-Begründer und Architekt Walter Gropius Anfang des letzten Jahrhunderts.

BRAIN FOLGT als modernes Forschungs- und Entwicklungsunternehmen in seinen wissenschaftlichen Projekten der Bauhaus-Philosophie und Kreativität. Eine wichtige Basis für diesen Arbeitsstil ist dabei das offene, lichtdurchflutete Haus, in dem jeder Mitarbeiter jederzeit mit jedem interagieren kann – ganz nach dem Vorbild des in Dessau auch heute noch zu bewundernden „Bauhaus". „Wir haben dies in Zwingenberg bewusst umgesetzt, denn das interdisziplinäre Arbeiten in unserem ‚Think Tank' von Wissenschaftlern und Ingenieuren ist geprägt durch offene Gespräche, gegenseitige Unterstützung und gemeinsames Vorgehen – nur so kommen wir zum Ziel, nur so haben wir wirklich Erfolg", so der Unternehmensgründer Holger Zinke.

KOMMUNIKATION UND REGER GEDANKENAUSTAUSCH sind, so sind sich die BRAIN-Verantwortlichen einig, ein Erfolgsgeheimnis der Wissenschaftler. Für Holger Zinke ist es sehr wichtig, dass BRAIN diese Philosophie lebt: die flachen Hierarchien, den lockeren Umgangston, das Miteinander und das Füreinander: „Egal an welchem Platz im Unternehmen man steht, es kommt auf jeden Einzelnen an. So ist es bei BRAIN und so war es im Bauhaus. In einem anderen Gebäude, da bin ich mir sicher, wären ein solches Miteinander, der freundschaftliche Umgang und die Offenheit nicht möglich."

BAUHAUS AND BRAIN

FUNCTIONALITY AND INNOVATIVE APPROACHES were the key factors in the success of the Bauhaus movement. Walter Gropius, architect and founder of the Bauhaus, explained at the beginning of the last century: "The Bauhaus school attempted to identify and develop rational principles. The Bauhaus does not purport to be just a school of crafts — contact with industry is deliberately sought. Historical workshops are transformed into industrial laboratories and new industrial production standards will be derived from their experiments. Starting with the simplest tools and easiest tasks one will gradually acquire the ability to master increasingly complex challenges, and so remain aligned with the overall production process."

AS A MODERN RESEARCH AND DEVELOPMENT COMPANY, BRAIN adheres to the Bauhaus philosophy and creative objectives in its scientific projects. One of the key components affecting this style of work is the open, light-suffused building, which allows each employee to interact with others at any time — just like the archetypal "Bauhaus", which can still be admired in Dessau. Holger Zinke, founder and CEO of BRAIN, says: "It was a conscious decision to put this into practice in Zwingenberg, because the interdisciplinary work in our 'think tank' of scientists and engineers is characterised by open discussions, mutual support and concerted action — this is the key to achieving our objectives, and is crucial to our success."

THE BRAIN MANAGEMENT AGREES that communication and a lively exchange of ideas are the secret to success for the biotechnologists. Holger Zinke is adamant that BRAIN follows the principles of this philosophy: flat hierarchies, casual atmosphere, co-operation and collegiality. "It doesn't matter what position one holds in the company — it always depends on the individual. This is how it is for BRAIN, this is how it was in the Bauhaus. I am sure that such a cooperation, the friendly atmosphere and openness would not be possible in any other building." ▶

ARCHITEKTONISCHES KLEINOD

KURZ NACH DER GRÜNDUNG im Jahre 1993 war BRAIN auf der Suche nach „den eigenen vier Wänden". Mehrere Alternativen wurden in Augenschein genommen. Die Entscheidung über den Kauf und die Revitalisierung des ehemaligen Fissangebäudes fiel sehr schnell, als Holger Zinke 1995 auf diese „Kleinodie" an der Hessischen Bergstraße aufmerksam wurde. Das heutige BRAIN-Hauptgebäude wurde von Dr. Georg Fehleisen (1893–1938) geplant und erbaut, einem ehemaligen Studenten von Prof. Paul Bonatz der TU Stuttgart. Die funktionelle Auslegung des Gebäudes folgte der von Walter Gropius entwickelten Philosophie des Bauhauses. Mit dem 1935 fertiggestellten Industriecampus samt Wohnanlagen und Schwimmbad gelang es dem früheren Direktor des Fissanwerkes, Dr. Arthur Sauer, ein exemplarisches Konzept von Industriekultur umzusetzen, das auch noch über 70 Jahre später seinen ursprünglichen Zweck erfüllt und als vorbildlich gilt.

MAN MUSSTE 1995 allerdings eine gehörige Portion Pioniergeist haben, um sich in dem aufgrund eines langen Leerstandes doch sehr verfallenen Gebäude ein modernes Biotechnologie-Unternehmen vorstellen zu können. In enger Zusammenarbeit mit dem Architekten Prof. Rolf Hempelt wurde das Gebäude den modernen Bedingungen eines Biotechnologie-Unternehmens angepasst und unter Beachtung der historischen Vorgaben renoviert. Ziel war es, neben der Anpassung an eine moderne Forschungseinrichtung für Molekularbiologie, die ursprünglich sehr klare Struktur im Inneren wie im Äußeren wieder herzustellen bzw. zu erhalten. BRAIN hat nach und nach einen Technologiecampus mit heute rund 4.000 m² Labor-, Produktions- und Büroräumlichkeiten geschaffen.

FUNKTIONALITÄT

EIN WEITERER BESTANDTEIL der Revitalisierungsmaßnahmen sind die von Prof. Rolf Hempelt gemeinsam mit den BRAIN-Mitarbeitern entworfenen Labor- und Büromöbel. Angelehnt an die Bauhaus-Philosophie sind diese aus durchscheinendem Glas und Metall hergestellt und die Form ist entsprechend ihrer Funktionalität klar ausgeprägt. Die Flexibilität wurde zum einen durch die leichte Koppelbarkeit erreicht, zum anderen durch justierbare Füße, die die Aufstellung und Einjustierung an jeder beliebigen Stelle des Raumes möglich machen.

▸

ARCHITECTURAL GEM

BRAIN WAS FOUNDED as a spin-off company from the TU Darmstadt in 1993 and was already on the lookout for its own premises. Several alternatives were taken into consideration. The decision to buy and refurbish the former Fissan building came swiftly after Holger Zinke discovered this gem in the Hessische Bergstrasse region in 1996. The current main BRAIN building was planned and built by Dr. Georg Fehleisen (1893 – 1938) a former student of Prof. Paul Bonatz of the TU Stuttgart. The functional design of the building reflects the Bauhaus philosophy expounded by Walter Gropius. This industrial campus, which includes housing areas and a swimming pool, was completed in 1935. With it, the former director of the Fissan factory Dr. Arthur Sauer, actualised an outstanding example of successful architectural interpretation which still fulfils its original purpose more than 70 years later.

IN 1995, HOWEVER, one needed a good portion of pioneering spirit to be able to imagine a modern biotechnology company housed in the dilapidated house. In close corporation with the architect Prof. Rolf Hempelt the building was adapted to suit the modern requirements of a biotechnology company and renovated taking the historical structure into account. The objective was to restore the original inner structure while at the same time adapting the building to the needs of a state of the art research facility for molecular biology. In the following years BRAIN has successively built a technology campus, which today consists of laboratories, production facilities and offices in an area of 4,000 m².

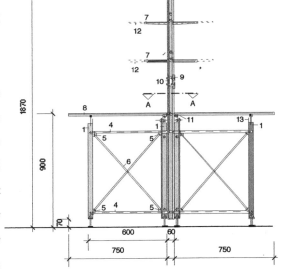

FUNCTIONALITY

THE LABORATORY AND OFFICE FURNITURE, designed by Rolf Hempelt in cooperation with the BRAIN personnel is an additionally important component of the revitalisation. Based on the Bauhaus philosophy and constructed and produced with metal and translucent glass, both design and format are clear expressions of functionality. Flexibility was achieved by modular design and adjustable feet which allows the furniture to be set up anywhere in the room.

DAS DER LABORTISCHKONSTRUKTION zugrunde liegende Prinzip der zusammengespannten Rahmen erwies sich als so vielseitig verwendbar, dass auch andere notwendige Einrichtungsgegenstände wie Oberschränke, Vorratsschränke, Aktenschränke und sogar Büroschreibtische nach demselben Prinzip entwickelt werden konnten. Die Formgebung dieser Möbel hat sich damit in erster Linie an den arbeitstechnischen Notwendigkeiten orientiert und ist Ausdruck einer strengen Reduktion auf das Wesentliche. Die Möbel sind von ihrer gestalterischen Zielsetzung an die Forderungen der Bauhauszeit angelehnt, was vielleicht die oft von Betrachtern geäußerte Selbstverständlichkeit erklären könnte, mit der sich die moderne Einrichtung in das historische Gebäude einfügt.

PRODUKTION

AUF DEM UNTERNEHMENSEIGENEN CAMPUS wird ebenfalls zusammen mit einem Team um den Architekten Prof. Rolf Hempelt eine Produktionsanlage eingerichtet, die mehreren Fermentationsanlagen Platz bietet. Darin werden die von BRAIN identifizierten Systemkomponenten, also bioaktive Naturstoffe und Enzyme produziert. Die von BRAIN identifizierten und produzierten Produkte zielen dabei zu einem großen Teil auf neue, bisher nicht erschlossene Märkte und reflektieren so das breite Potential der Weißen Biotechnologie. So baut BRAIN neben dem klassischen Kooperationsgeschäft eine weitere feste Säule für das Fundament des Unternehmens, um zusammen mit seinen Industrie-Partnern neben der klassischen Forschungs- und Entwicklungskooperation auch biologische Systemkomponenten produzieren zu können.

KULTURDENKMAL

FÜR DIE BEHUTSAM UND MIT VIEL SACHVERSTAND durchgeführten Arbeiten wurden Bauherr und Architekt 1998 mit der renommierten Josef-Maria-Olbrich Plakette des Bunds der Architekten (BDA) geehrt. Im Jahr 1999 wurden sie vom Land Hessen zusammen mit der Architektenkammer Hessen als „Vorbildlicher Bau im Land Hessen" ausgezeichnet.

Am 29. 02. 2008 wurde das Unternehmen BRAIN als „Ausgewählter Ort im Land der Ideen 2008" von der Initiative Deutschland – Land der Ideen, unter der Schirmherrschaft von Bundespräsident Prof. Dr. Horst Köhler, ausgezeichnet.

MARTIN LANGER ▪ *Dr. Martin Langer ist Molekularbiologe und seit 1995 bei BRAIN, zunächst als Projektleiter bei Forschungs- und Entwicklungsprojekten und seit 2000 im Bereich Unternehmensentwicklung und Marketing, tätig.*

THE PRINCIPLE OF THE TENSIONED FRAME used in laboratory table construction proved to be so versatile that many other necessary components such as wall units, storage cabinets, filing cabinets and even office desks were built in this way. Thus, furniture design is aligned with operational requirements and focuses on the essentials. The objective of the design is based on the requirements of the Bauhaus, which may explain the frequently expressed observation that the modern furniture seems to fit so effortlessly into the historical building.

PRODUCTION

A NEW PRODUCTION PLANT is under construction on the company campus, which will provide space for numerous fermentation units. This will enable BRAIN to produce bioactive natural substances and enzymes, i.e. system components, which have been identified in the company laboratories. To a large extent, these products are aimed at new and previously undeveloped markets—a reflection of the vast potential of white biotechnology. From the beginning the focus of the company has been the formation of classical research and development cooperations. The new production plant has been established as a second business column and will also enable BRAIN, together with its industrial partners, to produce biological system components for various markets.

CULTURAL MONUMENT

IN HONOUR OF the skill and care with which the building work was carried out, the architect Prof. Rolf Hempelt and BRAIN as his client were awarded the renowned Josef-Maria Olbrich emblem by the Bund der Architekten (BDA) in 1998. In 1999 the Federal State of Hesse together with the Architektenkammer (Chamber of Architects) Hessen presented the team with the award for "Exemplary building in the State of Hesse". On February 29 2008, BRAIN was given the "Selected landmarks in the land of ideas" award by "Initiative Deutschland—Land of Ideas" under the auspices of Federal President Prof. Dr. Horst Köhler.

MARTIN LANGER ▪ *Dr. Martin Langer is a molecular biologist and has been with BRAIN since 1995. He started as a project manager for research and development. In 2000 he switched to corporate development and marketing.*

UNTERNEHMENS-KULTUR UND KREATIVRAUM

VON RUTH WAGNER

IMMER WIEDER TAUCHT in bestimmten Phasen der Industrialisierung das Thema des Arbeitens in der Architektur, des Gebäudes, in dem gearbeitet wird, als „denkwürdiges" Thema auf. Vor allem seit der vorletzten Jahrhundertwende wird dieses Thema im Spannungsfeld von einerseits Arbeitswelt, Arbeitsabläufen und Arbeitsbedingungen, ja der Unternehmenskultur, und andererseits gestalteten, architektonischen Räumen, Kreativ- und Kulturraum, diskutiert.

CORPORATE ARCHITECTURE

ANLÄSSLICH EINER IM NOVEMBER 2008 stattgefundenen Podiumsdiskussion zum Thema „Corporate Architecture und Unternehmenskultur" sagte der Vorsitzende des Vorstandes der BRAIN AG, Herr Dr. Holger Zinke: „Es ist meine Überzeugung, dass es das Unternehmen BRAIN in dieser Form und mit den kreativen Mitarbeitern nicht ohne das Bauhaus-Gebäude gäbe. Denn das, was wir gemeinsam in den letzten fünfzehn Jahren geschaffen haben, musste miteinander erarbeitet werden. Die Architektur unterstützt damit unser unternehmerisches Handeln."

Ich teile diese Auffassung insofern, als ich auch einen engen Zusammenhang zwischen Architektur und Unternehmenskultur sehe. Inwieweit der unternehmerische Erfolg direkt von ihr abhängig ist, scheint mir eher zweifelhaft, mindestens aber nicht wissenschaftlich untersucht. Auf jeden Fall aber ist die Unternehmensarchitektur einer der wichtigen Faktoren, die zu den Chancen nachhaltiger Unternehmensentwicklung gehören und vor allem indentitätsstiftende Wirkung für alle Mitarbeiter haben können.

UNTERNEHMENS-ERFOLG

SICHER IST DER ERFOLG eines Unternehmens in erster Linie von wirtschaftlichen Bedingungen, von Angebot und Nachfrage, dem wirtschaftlichen und finanzpolitischen Gesamtrahmen für ein Produkt, von gut ausgebildeten und motivierten Mitarbeitern, modernen Produktions- und Vertriebswegen sowie kluger Unternehmensführung abhängig.

CORPORATE CULTURE AND CREATIVE SPACE

BY RUTH WAGNER

THE SPECIAL LINK between architectural design and the kind of buildings people actually work in was a recurring theme during the process of industrialization. This topic came to prominence especially at the beginning of the 20th century. It explored the tension between working environment, procedures and working conditions, even corporate culture, on the one hand and designed spaces or creative and cultural spaces on the other.

CORPORATE ARCHITECTURE

ON THE OCCASION OF A PODIUM DISCUSSION held in November 2008 on "Corporate Architecture and Corporate Culture" Dr. Holger Zinke, CEO of BRAIN AG, said: "It is my conviction that a company such as BRAIN would not exist in this form or appeal to such a creative workforce without the Bauhaus building. This is what we've created over the last 15 years, and we must continue to work in connection with the building. The architecture supports our entrepreneurial activities."
I share this view in so far as I also recognize a close relationship between architecture and corporate culture. Whether the success of a company directly depends on this seems doubtful to me, or at least requires some scientific evidence. What is clear, however, is that company architecture is one of the key factors affecting the chances for sustainable corporate development. Architecture can also have a profound effect on the identification of the employees with the company.

BUSINESS SUCCESS

OF COURSE, THE SUCCESS OF A COMPANY is primarily determined by economic conditions, supply and demand, and the economic and financial framework of the product, as well as trained and motivated employees, up-to-date production and distribution chains and clever management. ▸

Für ein Unternehmen zu Beginn des 21. Jahrhunderts in Deutschland und Europa reichen diese Bedingungen für einen umfassenden Erfolg aber nicht aus. Vor allem für einen auf wissenschaftlicher Forschung basierenden Betrieb sollte eine Leitidee gelten, die Produktivität mit individueller Kreativität eines jeden Mitarbeiters und kommunikativer, ständiger Überprüfung der Arbeitsabläufe, des Arbeitsklimas und der Verbesserung und Fortentwicklung als integrierten Prozess begreift. Dabei sind neben der Arbeitszeit, der Aus- und Fortbildung, der Mitwirkung oder Mitbestimmung im Betriebsablauf bis hin zur möglichen Teilhabe am Betriebsvermögen auch soziale Fragen der Mitarbeiter und ihrer Familien wichtige Faktoren, die klug geführte Unternehmen bei ihren Entwicklungsplanungen berücksichtigen sollten.

KREATIVRAUM

IN DIESEM ZUSAMMENHANG spielt die Gestalt, die Form, die räumliche Anordnung und landschaftliche Einbettung der Architektur der Unternehmensgebäude eine große Rolle. Neben der effektiven und effizienten Versuchs- oder Produktions- und Fertigungsanordnung hat die architektonische Qualität der Räume, in denen diese Arbeitsprozesse stattfinden, eine wichtige Wirkung auf Motivation und Engagement der Menschen, die nicht zuletzt die Identität mit dem Unternehmen steigern kann.

Eine Fabrik, ein Büro, ein Unternehmen ist kein Wohnraum, der von individuellen Vorlieben und Vorstellungen des jeweiligen Nutzers geprägt ist. Die Architektur von Unternehmen und Verwaltungen sollte aber so offen gestaltet sein, dass sie für alle Mitarbeiter die Chance der Identifikation mit dem jeweiligen Arbeitsplatz bietet. Die Kunst der räumlichen Gestaltung muss darin bestehen, quasi „KreativRäume" für jeden Arbeitenden zu schaffen.

FISSAN UND BRAIN

DIESE GRUNDÜBERZEUGUNG hat Dr. Holger Zinke mit seiner Entscheidung 1996 aufgegriffen, als er für das neu gegründete Unternehmen BRAIN einen Industriebau der 30er Jahre, nämlich die Produktionsgebäude der „Fissanwerke" revitalisierte und damit ein wichtiges Bauobjekt der Bauhaustradition des Architekten Dr. Georg Fehleisen sanierte. Dies ist Teil der Bergsträßer Baukultur um Georg Metzendorf, historisch verbunden mit der avantgardistischen Bauentwicklung der Mathildenhöhe in Darmstadt ab 1901, der Gründung des Werkbundes in München, Dresden, Berlin und schließlich des Bauhauses 1919 in Weimar.

However, these conditions alone cannot guarantee the success of any company at the onset of the 21st century in Germany and Europe. This is especially true for companies who depend on scientific research. These should follow the central idea where productivity is understood to be a process integrating the individual creativity of each co-worker, as well as a permanent communicative review of work procedures, work climate and ongoing measures of improvement and advancement. Clever company development strategies should also take into account factors such as working hours, training, participation in the operating procedure, and even employee stock-ownership plans, as well as the social concerns of co-workers and their families.

CREATIVE SPACE

IN THIS CONTEXT, the design, form, spatial arrangement and integration into the landscape play key roles in corporate architecture. In addition to creating effective and efficient research, production and assembly systems, architectural quality also has a profound effect on the rooms in which work processes take place, and the motivation and commitment of the people, which in the end can lead to an increased identification with the company.

A factory, office, or company is not a living space, determined by the individual preferences and ideas of the user. However, company and administration architecture should be designed in an open, amenable way, facilitating co-workers identification with individual workspaces. The art of spatial design must be to create what might be called "creative spaces" for each employee.

FISSAN AND BRAIN

THESE BASIC PRINCIPLES guided Dr. Holger Zinke in 1996 when he started revitalising the historic Fissan company premises for his start-up BRAIN. The main building is an important example of Bauhaus tradition constructed by architect Dr. Georg Fehleisen. The building forms part of the architectural culture of the Bergstrasse Region and is closely associated with Georg Metzendorf, who is linked to the avant-garde architecture of the Mathildenhöhe in Darmstadt from 1901 onwards, as well asthe foundation of the Deutscher Werkbund in München, Dresden, Berlin and the Bauhaus in Weimar in 1919.

▸

Mit der Revitalisierung wurde nicht nur eine wichtige denkmalpflegerische Aufgabe erfüllt, sondern auch an die geistige und unternehmerische Aufbruchsituation Anfang des 20. Jahrhunderts angeknüpft. Die Entwicklung eines biotechnologischen Unternehmens aus einer Technischen Universität heraus war Anfang der 90er Jahre des letzten Jahrhunderts ebenso umstritten wie die Gentechnologie. Die Ansiedelung des sehr erfolgreichen Unternehmens als biotechnologisches Forschungsinstitut in einem Industriedenkmal, das zur modernen Bautradition Deutschlands gehört, ist mittlerweile auch Teil einer Wirtschaftsentwicklung und sozialpolitischen Entscheidung, die sich selbst in einer Aufbruchssituation zu Beginn des 21. Jahrhunderts verortet.

Auf die Frage bezüglich der Wirkung des sorgfältig revitalisierten Bauhausgebäudes auf den Unternehmenserfolg und die Produkte, die vormals darin entstanden, und die heutigen und zukünftigen geplanten Innovationen antwortet Dr. Zinke: „Es ist meine These, dass das Unternehmen BRAIN in dieser Form in einem anderen Gebäude nicht vorstellbar wäre. Das kann ich nicht beweisen, denn Begriffe wie Wohlfühlen, Kontinuität oder Kreativität kommen leider nicht in den Bilanzen und Excel-Plänen vor. Das bedauere ich sehr. Die Beschäftigung mit Werten eines Unternehmens ermöglicht jedoch aus meiner Sicht erst die Kreativität und Kommunikation der handelnden Personen an ihrem Arbeitsplatz. Dadurch wird ein nachhaltiger Unternehmenswert abgebildet."

WERKBUND

DIESE AUFFASSUNG steht in der Tradition des Deutschen Werkbundes, gegründet 1907, und der Bewegung um das Bauhaus, 1919 von Walter Gropius angestoßen. Beide Entwicklungen sind in unterschiedlichen Facetten und durchaus strittigen Ausprägungen bestimmt von einer grundsätzlichen Idee der Lebensreform, der Gesellschaftsformen, wirtschaftspolitischer Vorstellungen und neuen Formen des Produzierens und Arbeitens und einer gesamten künstlerischen und kulturellen Erneuerung gegenüber dem Historismus, der die letzten Jahrzehnte des 19. Jahrhunderts bestimmt hatte.

Am 5. und 6.10.1907 gründeten zwölf Angehörige aus gestaltenden Disziplinen und eine gleiche Zahl von Unternehmern den Deutschen Werkbund. Sie verband der Wunsch, innovative künstlerische Werke zu produzieren und zu fördern und eine Reformbewegung zu initiieren, die eine Veränderung der künstlerischen, wirtschaftlichen und pädagogischen Methoden, vor allem der angewandten Künste, bewirken sollte. Friedrich Naumann propagierte in einer grundlegenden Rede „Deutsche Gewerbekunst" 1908 in Berlin einen umfassenden modernen Kulturbegriff und eine Qualitätsverbesserung, ▸

The revitalisation not only fulfilled an important conservation task but also picked up on the intellectual and entrepreneurial spirit of optimism at the beginning of the 20th century. Founding a biotechnology company from within the setting of a Technical University was just as controversial in the early 1990s as genetic engineering. The decision to set up a very successful biotechnology company in an industrial monument belonging to the modern German architectural tradition is in itself a result of the economic development and socio-political climate during a similar spirit of optimism at the beginning of the 21st century.

Asked about the effect of the carefully revitalised Bauhaus building on the success of the company and the products and innovations of the future, Dr. Zinke answered: "In my view, it is impossible to imagine the company BRAIN to exist in this form in a any other building. I cannot prove this, since terms such as 'well-being', 'continuity' or 'creativity' are not included in corporate balance sheets or Excel files. This is a real shame. From my point of view, company ethics and culture can help to provide the conditions necessary for enhancing creativity and communication in the workplace. This is how we achieve sustainable company values."

WERKBUND

THIS VIEW IS ROOTED in the traditions of the Deutscher Werkbund, founded in 1907, and the Bauhaus school instigated by Walter Gropius in 1919. Together these movements ushered in a time of artistic and cultural renewal following the period of historism, which had dominated the last two decades of the 19th century. Despite different and even disputable approaches, the Deutscher Werkbund and Bauhaus both set out to reform life and society and shared basic politico-economic concepts and ideas about new forms of production and work.

The Deutscher Werkbund was founded on October 5–6, 1907 by twelve practitioners of the applied arts and the same number of entrepreneurs. All shared a desire to produce and promote innovative artistic goods and initiate a reform movement aimed at changing the applied arts using artistic, economic and educational methods. ▸

die sich von der Nachahmung und unendlichen Wiederholung des Neubarock, der Neuromanik oder der Neugotik abwenden sollte. „Wir erkennen, dass es sich um weit größere als kunstgewerbliche Probleme handelt, dass vielmehr eine gleichmäßig gute und edle Gestaltung und Durchbildung jedweden Erzeugnisses der Hand und der Maschine das Ziel der Zeit sein muss", sagte er. Ein derartiges Angebot würde insofern auch erzieherisch wirken, als es Künstler für Dinge wie Markt und Nachfrage offen machte, Unternehmer im Gegenzug für Dinge wie Qualität und Design und schließlich die Konsumenten in Geschmacksfragen voranbringen würde.

Der weitere erzieherische Effekt bestand für ihn aber auch in der Qualifizierung der Arbeiter und Handwerker, wie z. B. der Pädagoge Georg Kerschensteiner dies vorbildlich verwirklichte. Er forderte eine „neue Hebung der geistigen und materiellen Lage der Arbeiter" und eine neue Wirtschaftspolitik der Unternehmer, die er als „Betriebspatriotismus" einforderte. Dieser solle von dem Grundsatz geprägt sein, „dass das Aufsteigen des Betriebes allen Beteiligten zu Gute komme".

KRISTIAN BARTHEN

RUTH WAGNER ▪ *Ruth Wagner war 1978–2007 Mitglied des Hessischen Landtages und hier langjährig als Vizepräsidentin des Landtags und Fraktionsvorsitzende tätig. Weiterhin war sie Mitglied des Landesvorstands und Mitglied des Bundesvorstands der FDP. Von 1999–2003 war Ruth Wagner hessische Ministerin für Wissenschaft und Kunst und stellvertretende hessische Ministerpräsidentin.*

DER WERKBUND hat in den letzen 100 Jahren vielfältige Veränderungen, Spannungen sowie Anpassungen an den jeweiligen Zeitgeist erlebt und andere neue Institutionen von Architekten, Künstlern und der Wirtschaft haben ihn überholt. Einer der traditionsbewahrenden Nachfolger ist die Werkbundakademie in Darmstadt, die gemeinsam mit Design-Einrichtungen, der Stadt Darmstadt, der Industrie- und Handelskammer Darmstadt und der Engineering Region Darmstadt Rhein Main Neckar zusammenarbeitet. Eine zurzeit zum fünften Mal von der Werkbundakademie angeregte Veranstaltung, die viertägigen „Tage der Fotografie" in Darmstadt, zeigt Arbeiten von 14 deutschen und international tätigen Fotografen über ihre „Aussicht aufs Leben." Einer der in dieser Gemeinschaftsaktion mit Design-Einrichtungen, Ausstellungshallen, Künstlern und Hochschulen benannten „Darmstädter Stadtfotografen" war 2008 Kristian Barthen. Seine Begegnung mit Wissenschaft und Technologie in „Kreativ-Räumen" vermittelt Bilder, Ansichten und Einsichten einer neuen bildnerischen Spannung, manchmal auch Einheit von Mensch und Technik – vor allem aber neue Erkenntnisse über den Menschen als Forscher, Erfinder, Handwerker, Beobachter, Überwacher von Prozessen und andererseits als Teil eines Gesamtgeschehens, Modul eines Werkraumes, Teilstück eines Prozesses, in jedem Fall aber Mensch und Werkzeug / Maschine als Einheit in „KreativRäumen". ▪

In a landmark speech held in 1908 in Berlin, Friedrich Naumann publicized a comprehensive modern cultural concept, which disassociated itself from the endless copies and revival of Neo-Baroque, Neo-Romanesque or Neo-Gothic styles. He says: "We recognize that we are dealing with more than just problems of the applied arts—each period in time must strive towards developing consistently good and noble designs for each item whether produced by hand or machine." Such a selection of products would also have an educational effect, by confronting artists with economic principles such as supply and demand, confronting entrepreneurs with quality and design and confronting consumers with questions of taste.

An additional educational aspect important to Friedrich Naumann was the qualification of workers and craftsmen—a concept that was realised in an exemplary fashion by the educationalist Georg Kerschensteiner. He demanded an "elevation of the intellectual and material status of the worker" and a new economic policy for entrepreneurs which he called "company patriotism". This should follow the basic principle that "company success must be shared by all involved".

IN THE PAST 100 YEARS the Werkbund has undergone numerous changes, conflicts with the Zeitgeist as well as realignments, and has been surpassed by new architectural, artistic and business associations. One such tradition-conscious successor is the Werkbundakademie in Darmstadt, which cooperates with the Chamber of Industry and Commerce (IHK) Darmstadt and the Engineering Region Darmstadt Rhein Main Neckar. For the fifth time now, the Werkbundakademie has initiated the 4-day event "Photography Days" in Darmstadt, where 14 German and international photographers present their "view of life".

In 2008, this joint venture between design institutes, exhibition halls, artists and universities elected Kristian Barthen as the "Darmstadt town photographer". His encounter with science and technology in "Creative Spaces" is conveyed in images, views and insights exploring a new artistic tension, but sometimes also unity, between humans and technology. More importantly, his work presents new views of the human being as scientist, inventor, craftsperson, observer, and controller of processes on the one hand and humans as an integral part of overall events, a module in a work room or component of a process on the other. However, in each instance, the human and the tool or machine is seen as a single unit in "Creative Spaces".

KRISTIAN BARTHEN

RUTH WAGNER ▪ *Ruth Wagner was a member of the Hessian federal parliament from 1978 to 2007. She was active as vice president and as chairman of the parliamentarian group. Furthermore, she was member of the Hessian and the German board of the FDP party. From 1999 until 2003 she was federal minister for science and arts as well as deputy prime minister in Hesse.*

VORSTELLUNGSKRAFT
IST WICHTIGER ALS
WISSEN, DENN UNSER
WISSEN IST BEGRENZT
.
ALBERT EINSTEIN

BRAIN Cells

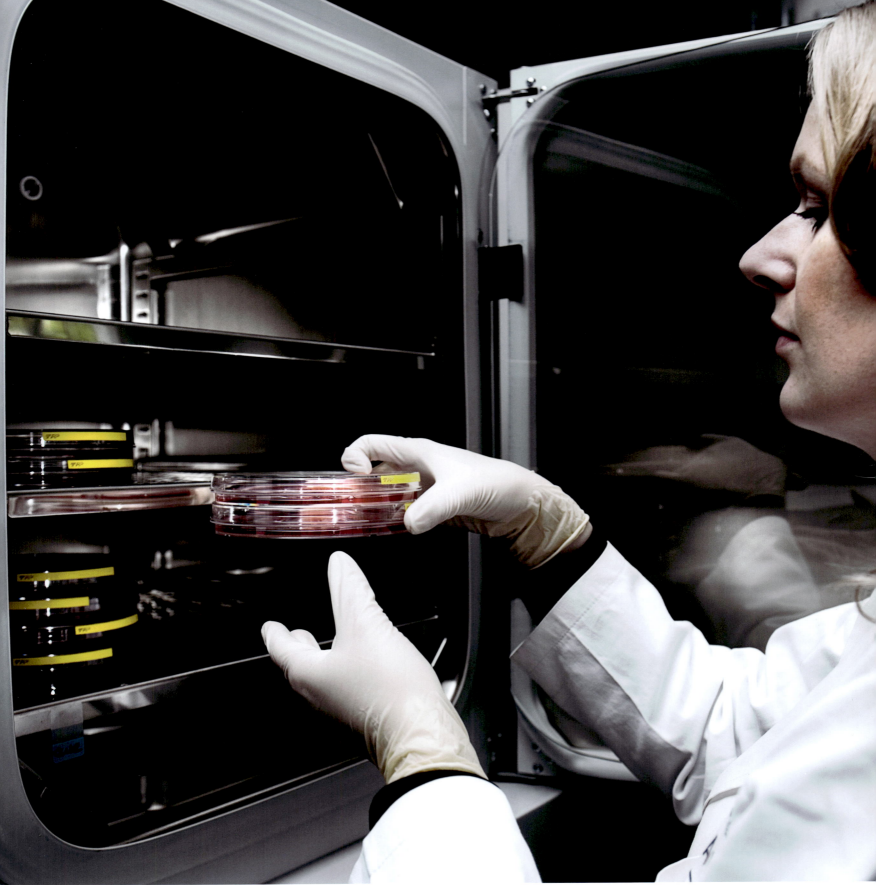
HEK-293 Cell Cultivation

Rhodococcus ruber

Transformation

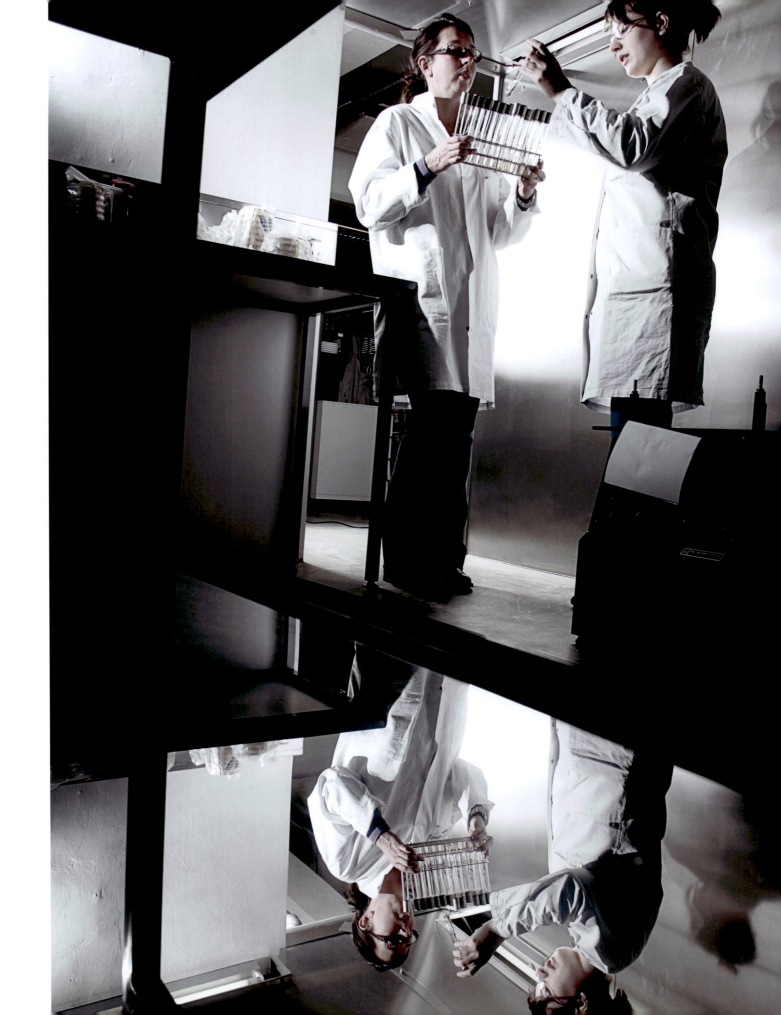

Cell Biology Laboratory

Polymerase Chain Reaction Cycler

IT IS NOT THE STRONGEST
OF THE SPECIES
THAT SURVIVES,
NOR THE MOST INTELLIGENT
THAT SURVIVES
.
IT IS THE ONE THAT
IS THE MOST ADAPTABLE
TO CHANGE
.
CHARLES DARWIN

Minus 86 Degree Centigrade

DNA Electrophoresis

Engineers

Fermenter Top

Erlenmeyer Chicane Flask

EIN GELEHRTER
IN SEINEM LABORATORIUM
IST NICHT NUR
EIN TECHNIKER
.
ER STEHT AUCH VOR DEN
NATURGESETZEN
WIE EIN KIND
VOR DER MÄRCHENWELT
.
MARIE CURIE

Laminar Flow 1

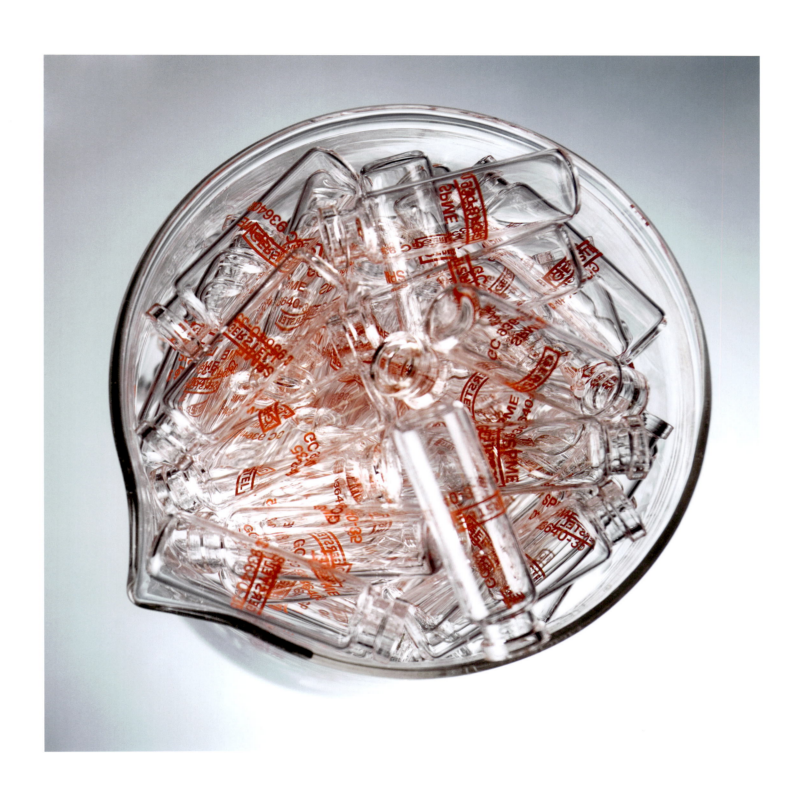

Gas Chromatographer Sample Vials

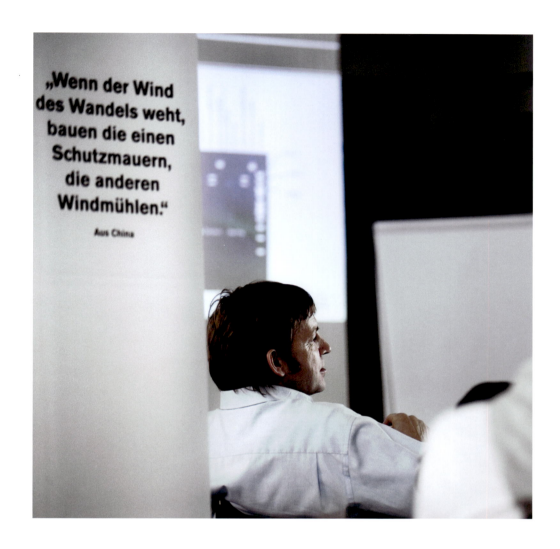

Phase Contrast Microscope · BRAIN News Weekly

Inside BRAIN Cell 1

Inside BRAIN Cell 2

Strain Development · Taste Panel

Reception

Ad hoc Meeting

Lab Com Meeting

Procurement

Blue/White Screen

IF EVERYTHING IS UNDER CONTROL
YOU ARE JUST NOT DRIVING FAST ENOUGH
.
STIRLING MOSS

Strategy 1

Metagenome Library

Overnight Culture

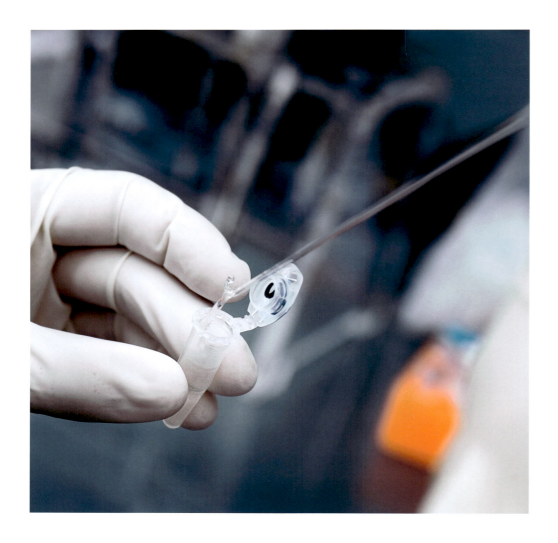

Desoxy Ribonuclaic Acid

Plating

Expression

ES IST VERRÜCKT,
DIE DINGE IMMER GLEICH
ZU MACHEN UND DABEI
AUF ANDERE ERGEBNISSE
ZU HOFFEN
.
ALBERT EINSTEIN

Transformants

Receptor Cell Based Assay

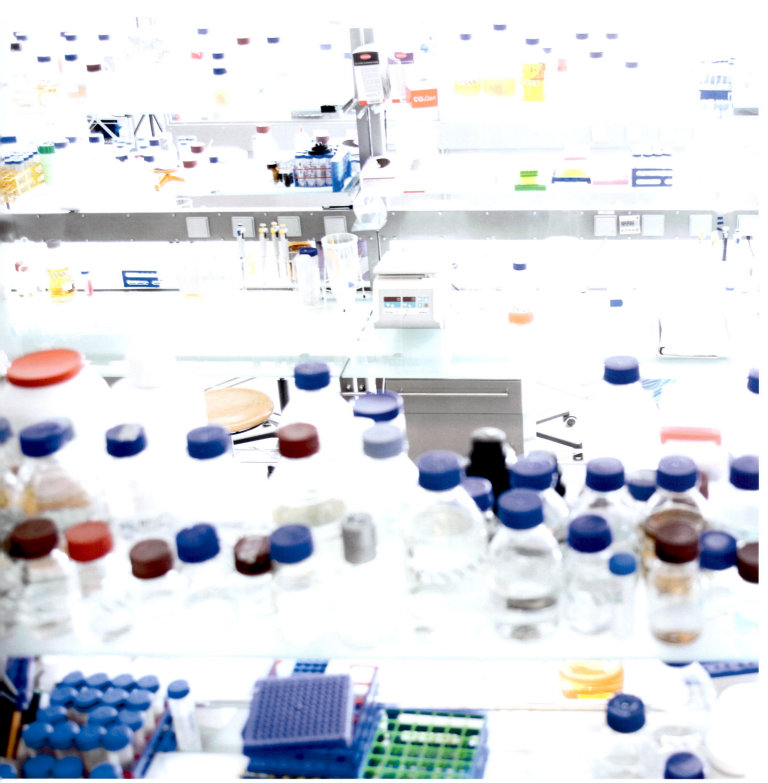

Molecular Genetics Lab

Laminar Flow 2 · Molecular Biology Lab 2 ▸

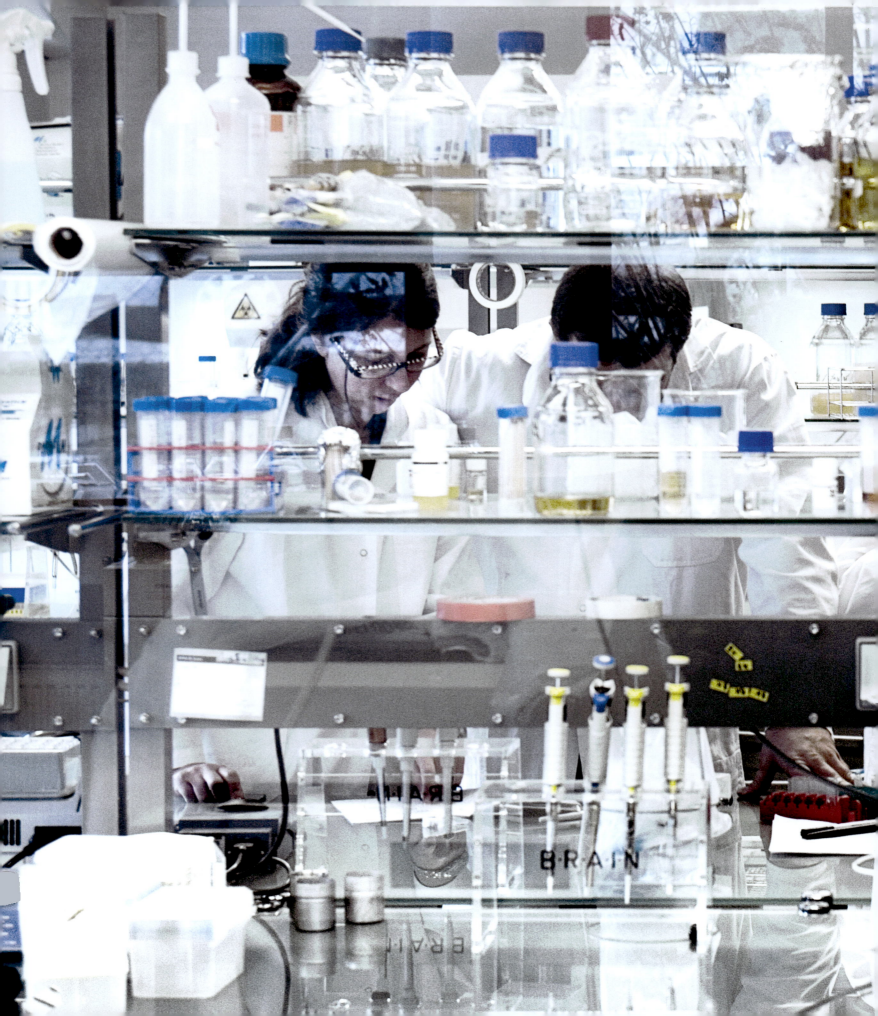

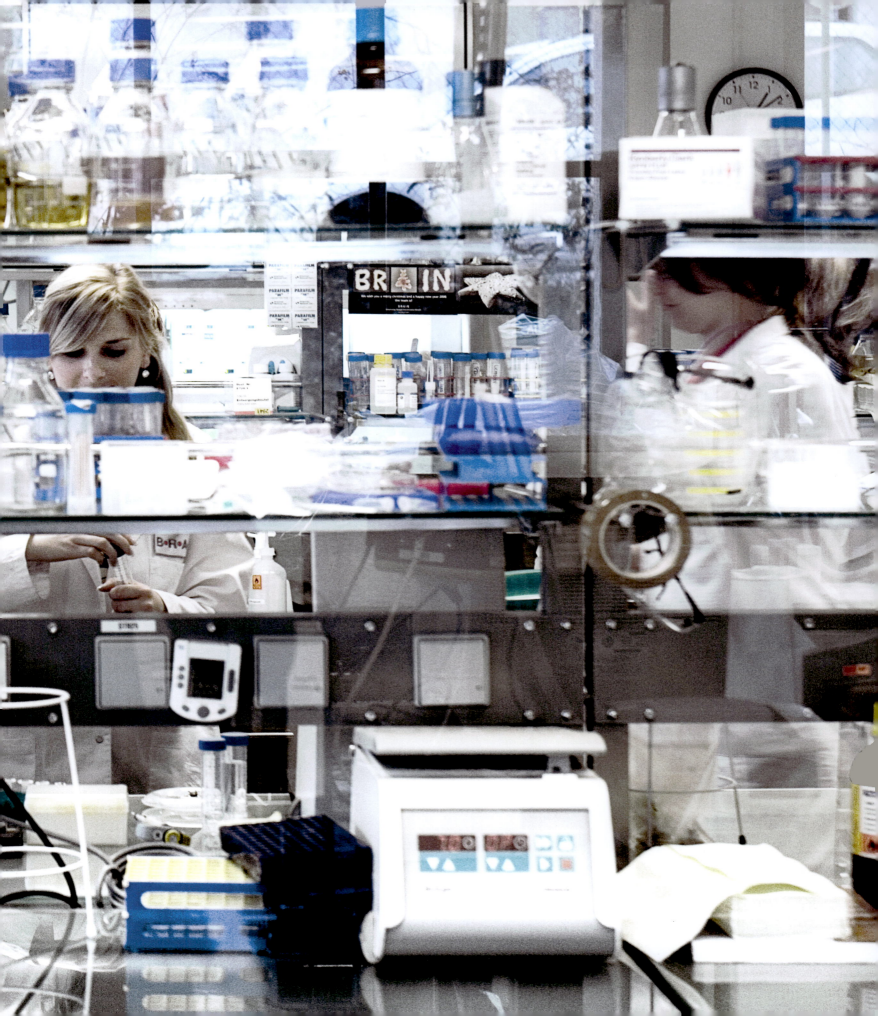

Intellectual Property

Project Status 1

Media Preparation

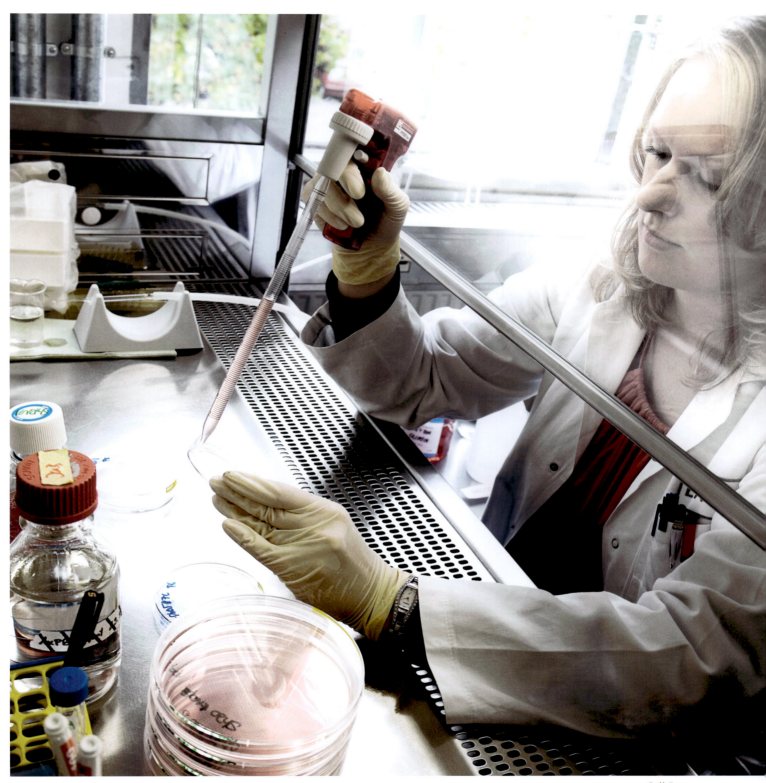

Cell Passage

Gas Chromatographer

Project Management 1

Project Management 2

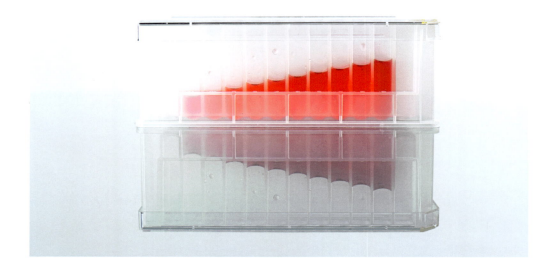

Deep Well Plate · Microtiter Plate

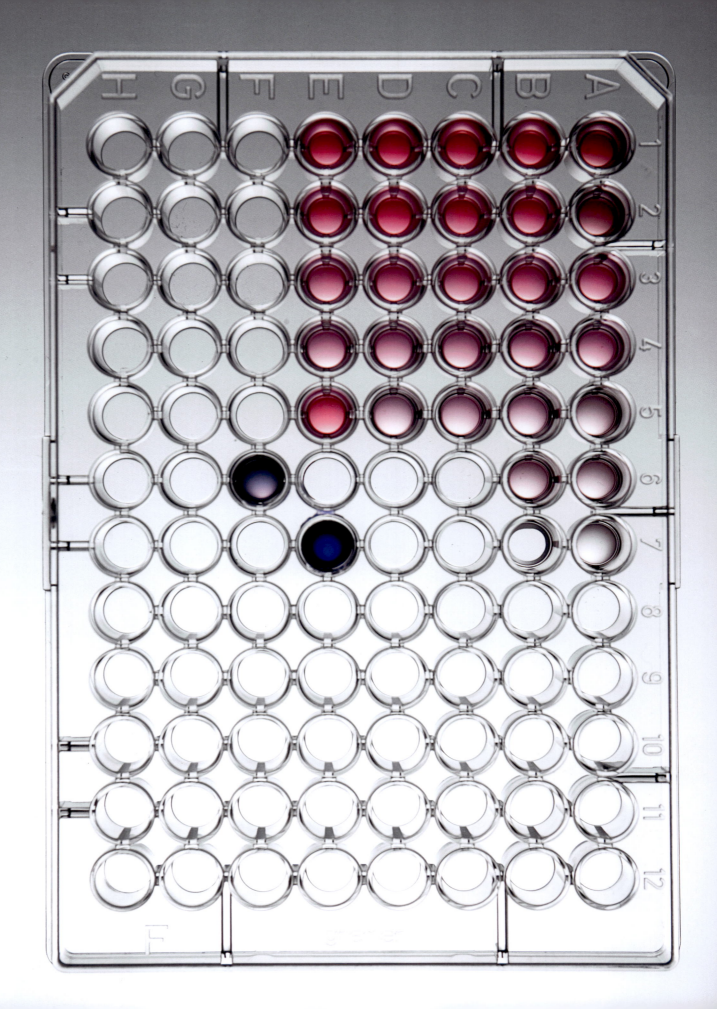

WHICH WE KNOW,
IS A DROP;
WHICH WE DO NOT KNOW,
AN OCEAN
.
ISAAC NEWTON

BRAIN Library

Microbiology Lab 2

HPLC: High Performance Liquid Chromatography

4 Degree Centigrade

Incubation Chamber • Natural Compound Library

Turning Lathe

Vertical Drilling Machine

INNOVATION HAS NOTHING
TO DO WITH HOW
MUCH YOU SPEND ON R&D
.
IT IS ABOUT THE PEOPLE
YOU HAVE, HOW THEY
ARE LED AND HOW MUCH
YOU GET IT
.
STEVE JOBS

Angle Grinder

Fermenter Bottom

Fermenter 1

NIE WAR ZUKUNFT
SO NAHE WIE HEUTE
.
HUBERT BURDA

Gas Chromatography Sample · Electrophoresis 50x Stock Buffer Flask

1800
1600
1400
1200
1000
800
600
400

Orbital Shaker

Strategy 2

Autoclaves

DIE NEUGIER
STEHT IMMER AN ERSTER STELLE
EINES PROBLEMS,
DAS GELÖST WERDEN WILL
.
GALILEO GALILEI

Literature Seminar

DIE WISSENSCHAFT FÄNGT
EIGENTLICH ERST DA AN
INTERESSANT ZU WERDEN,
WO SIE AUFHÖRT
.
JUSTUS VON LIEBIG

ORCA: Optimised Robot for Chemical Analysis

FPLC: Fast Protein Liquid Chromatography 1

FPLC: Fast Protein Liquid Chromatography 2

Data Server LX-SV-03

Calcium Influx Flourescence Detection on FLEX Station

WITHOUT SPECULATION
THERE IS NO GOOD AND
ORIGINAL OBSERVATION
.
CHARLES DARWIN

Analytics Laboratory

Genetix Q-Tray · Gene Bank

Sequence Data Mining · Project Status 2

Screening Lab

Finance and Accounting

DER BESTE WEG,
DIE ZUKUNFT VORAUSZUSAGEN,
IST, SIE ZU GESTALTEN.

WILLY BRANDT

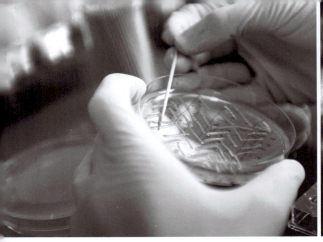
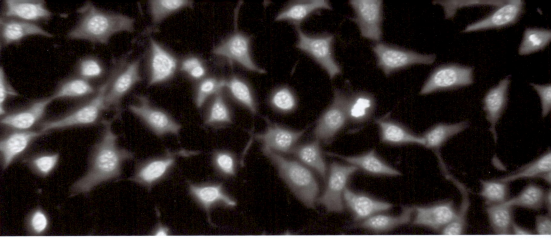

ZUM VERHÄLTNIS VON FOTOGRAFIE UND WISSENSCHAFT

VON JOCHEN RAHE

DIE FOTOGRAFIE ist im Laufe des 20. Jahrhunderts mit einer geradezu phantastischen technischen Entwicklung gerade auch im Makro- und Mikrobereich und mit der Satellitenfotografie für viele Wissenschaften ein unentbehrliches Instrument in der Forschung geworden. Zugleich bildet sie neben und oft zusammen mit der Sprache eine Grundlage für die Kommunikation wissenschaftlicher Probleme und Ergebnisse. Mit Film und Video sind die Möglichkeiten der Darstellung von Bewegung und Prozessen immens erweitert worden.

BILDHAFTIGKEIT

EINE NEUE WELT der Bildhaftigkeit in den Wissenschaften wie auch angewandt in der Planung und Konstruktion sind auch computergenerierte Darstellungen, Simulationen, dreidimensionale Modelle, am Bildschirm in alle Richtungen schwenkbar und ständig veränderbar. Wie weit die neuen Computerbilder die klassische Fotografie aus den Wissenschaften verdrängen werden, wird sich zeigen. Von heute aus gesehen erscheint die Fotografie mit ihren eigenen Möglichkeiten der realistischen Präzision, der Authentizität und damit der Gültigkeit wie auch der visuellen Ästhetik nicht substituierbar zu sein. So ist es wahrscheinlich, dass alle diese Bildtechnologien gleichberechtigt mit ihren jeweiligen Vorteilen und Besonderheiten in den Wissenschaften eine große Rolle spielen werden.

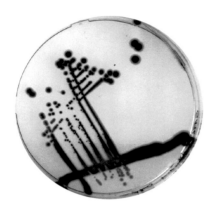

ON THE RELATIONSHIP BETWEEN PHOTOGRAPHY AND SCIENCE

BY JOCHEN RAHE

THE AMAZING TECHNICAL DEVELOPMENTS particularly in macro- and microphotography and satellite imagery, in the 20th century has made photography an indispensable research tool for many sciences. At the same time, photography and speech form the basis for communicating scientific results and problems. The use of film and video has increased the possibilities for depicting movements and processes immensely.

IMAGERY

COMPUTER GENERATED IMAGES, simulations and three-dimensional models, which can be modified on the screen and viewed from any direction, have opened up a new world of imagery for scientists as well as planners and engineers. At this point in time, it is not yet clear to which extent these new computer images will displace classical photography in the sciences. Today, it seems that there can be no substitute for photography, with its possibilities for realistic precision, authenticity and therefore validation as well as visual aesthetics. In all probability, each of these image technologies with their individual advantages and distinctive features will equally play an important role in the sciences. ▸

ENTSCHEIDEND IST AUCH NICHT, was sich durchsetzt, das wird eher eine Frage der Zweckmäßigkeit sein; entscheidend ist, dass die Abbildbarkeit und Bildmäßigkeit selbst unvorstellbar großer und kleiner, weit entfernter und wenn man so will unsichtbarer Elemente, Dinge, Lebewesen und Phänomene den Fortschritt der Wissenschaften nach modernen Vorstellungen überhaupt erst ermöglichen.

DIE MÖGLICHKEITEN DER DIGITALEN FOTOGRAFIE werden die Grenze zwischen gültigem Bild und manipuliertem Bild im Übrigen verschwimmen lassen. Für Fotografie als Teil des wissenschaftlichen Prozesses mag diese Technik ein Vorteil sein, für die Wissenschaftskommunikation, besonders unter dem Gesichtspunkt der Transparenz für eine breite Öffentlichkeit, entsteht hier natürlich ein Problem der Verständlichkeit und der Glaubwürdigkeit des Dargestellten. Da hat die klassische Fotografie eine große Chance.

NATURWISSENSCHAFTEN

ALL DAS GILT NATÜRLICH vor allem für die Disziplinen, die mit Materie und beobachtbaren Prozessen zu tun haben. Das sind vor allem die Naturwissenschaften, ob nun Biologie, Chemie oder Physik, Astronomie oder Wissenschaften, die sich mit den Mikrowelten der Elementarteilchen befassen, genauso wie die technischen und die medizinischen Wissenschaften. Aber auch in Bereichen, an die man beim Thema Fotografie vielleicht weniger denkt, ist die Fotografie eine Grundlage wissenschaftlicher Arbeit und Kommunikation, seien es nun Satelliten- oder Luftbildaufnahmen zur geografischen Vermessung, zur Erforschung von Bodenschatzvorkommen oder für die Archäologie, sei es in der Aerodynamik oder in der Tiefseeforschung.

EIN WEITES GEBIET für die Fotografie sind nach wie vor die Dokumentation von Forschungsreisen und Expeditionen, Bereiche der Kriminalistik oder auch sozialer Feldforschung etwa in der Anthropologie oder Verhaltenspsychologie. Viele experimentelle Forschungssituationen im tierischen oder menschlichen Verhalten sind ohne Fotografie gar nicht denkbar.

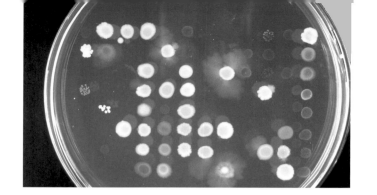

HOWEVER, IT IS NOT IMPORTANT whether a technique will prevail—that is rather a question of utility. The decisive factor will be whether a technique can facilitate scientific progress by providing powerful images of inconceivably small, large or distant elements, things, organisms and phenomena.

INCIDENTALLY, THE CONTINUED TECHNICAL IMPROVEMENT of digital photography will increasingly dissolve the boundary between authentic and manipulated images. This may be an advantage for photography as part of the scientific process. However, such uncertainties will have a detrimental effect on the transparency of scientific communication as the general public will have a problem with comprehending and believing the rendered image. Herein lies the great opportunity for classical photography.

SCIENCES

ALL THIS PARTICULARLY APPLIES to disciplines dealing with materials and observable processes and especially the various fields of science: biology, chemistry, physics, astronomy and sectors of science which deal with the microcosm of elementary particles as well as technical and medical sciences. However, photography is also the foundation for scientific work and communication in areas not usually associated with this process, such as satellite or aerial photography for geographic surveys, prospecting or archaeology and in aerodynamics and deep-sea exploration.

PHOTOGRAPHY REMAINS A VITAL TOOL for documenting expeditions, in certain fields of forensic science and for anthropological field studies and behaviourism. Numerous experimental research situations such as studies of human and animal behaviour would be unthinkable without photography.

Manchmal sind wissenschaftliche fotografische Dokumente zugleich auch Bilder, die eine Weltöffentlichkeit bewegen können, z. B. die sensationellen Bildsequenzen von der berühmten Shackleton-Antarktis-Expedition, die von dem Fotografen James Francis Hurley 1914/15 auf Glasplatten festgehalten und unter dramatischen Umständen gerettet werden konnten. Von den Aufnahmen der Eroberung des Weltalls durch Astronauten gar nicht zu reden, wir haben uns schon fast daran gewöhnt. Fotografie ist also Teil wissenschaftlicher Arbeit wie auch ein Medium der Kommunikation von Wissenschaften.

ARCHIVIERUNG

DIE FOTOGRAFISCHEN DOKUMENTE als Teil wissenschaftlicher Arbeit ruhen in zahlreichen Archiven einschlägiger Einrichtungen und sind damit für die Öffentlichkeit weitgehend unzugänglich. So ist es eine besonders dankenswerte Leistung, das u. a. die Technischen Sammlungen Dresden als eine Einrichtung der Technischen Universität Dresden sich seit Jahrzehnten dem Thema wissenschaftlicher Fotografie widmen, dazu ein umfangreiches Archiv angelegt haben und Aspekte und Beispiele in jährlichen Ausstellungen und Publikationen im Wortsinne anschaulich machen. Dabei findet sich auch eine Fülle historischen Materials, so dass die technische Entwicklung, bzw. der technische Fortschritt nachvollziehbar wird.

KOMMUNIKATION

FOTOGRAFIE ALS MEDIUM DER KOMMUNIKATION von Wissenschaft in der breiteren Öffentlichkeit existiert natürlich in zahllosen Beispielen nicht nur der Selbstdarstellung von Universitäten, Hochschulen oder Instituten, sondern auch in so verdienstvollen populären Wissenschaftszeitschriften wie ‚Bild der Wissenschaft' oder ‚Spektrum der Wissenschaft'. Der fotografische Anteil besteht in der Regel allerdings aus situativen Bildern von Laboreinrichtungen, Forschergruppen, Testanlagen, Teilchenbeschleunigern, Grabungsstätten etc. Fotografen neigen dazu, besonderen Wert auf den spannenden Eindruck und ästhetischen Reiz ihrer Motive zu legen. Das ist verständlich und es verbleibt über den Unterhaltungswert hinaus meist in Verbindung mit Texten immer noch ein Informationsgewinn.

Die spezifische Anforderung an Wissenschaftsfotografie, nämlich die komplexen, oft langdauernden Prozesse wissenschaftlicher Arbeit so ins Bild zu bringen, dass davon für den Außenstehenden etwas verständlich wird, seine „Einsicht" sich vertieft, das wird doch nur selten erreicht. Das ist ein schwer erfüllbarer Anspruch, da das stehende Bild nur einen Moment und nicht Verläufe und Prozesse wiedergeben kann.

Sometimes scientific photographic documents can cause an emotional effect on the general public. For example, the photographic sequence of the dramatic rescue of the famous Shackleton Antarctic expedition recorded on glass plates by the photographer James Francis Hurley in 1914/15 was a sensation. Not to mention the photograph of the conquest of space taken by the astronauts—we almost take it all for granted. Photography is therefore an element of scientific research as well as a medium for science communication.

ARCHIVING

THE PHOTOGRAPHIC DOCUMENTS of scientific research are stored in numerous archives in the relevant institutes, and are more or less barred from public scrutiny. However, there are noteworthy exceptions to this prevailing pattern, such as the Technical Collection at the Technical University of Dresden. This institution has been devoted to studying scientific photography for decades and has amassed an extensive archive, which forms the basis for publications and annual exhibitions. The wealth of historic material in the archives helps to trace technical advances and development.

COMMUNICATION

OF COURSE, there are numerous examples of the use of photography as a medium for communicating scientific knowledge to the general public beyond the self-portrayal of universities, polytechnics and research institutes. Among others, photographs are an important medium in numerous popular science magazines such as 'Scientific American'. However, the photographs are usually limited to images of laboratory equipment, research groups, test facilities, particle accelerators, excavation sites etc. Photographers tend to emphasize the exciting effect and aesthetics of the motif. This is understandable and despite it, the image in combination with the explanatory text transfers information beyond the pure entertainment value.

The specific objectives of scientific photography, such as portraying complex, often slow processes of scientific work in a generally comprehensible way, are rarely achieved. This is a difficult demand to meet since still images can only represent a moment and not a process.

▸

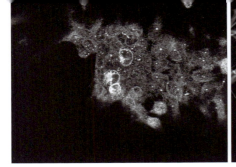
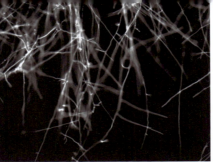

DER AUSWEG wären Bildfolgen, Bildkomplexe, Bildgegenüberstellungen in Verbindung mit erklärenden Texten, Skizzen, Diagrammen und Ähnlichem. Dazu braucht man von Seiten des Fotografen ein erhebliches Maß an Verständnis für das jeweilige Problem, eine anspruchsvolle apparative Ausstattung und vor allem viel Zeit. Solche Bedingungen sind kostenintensiv und kommen selten zustande. Wettbewerbe, Stipendien und zweckgebundene Forschungsmittel könnten helfen, experimentelle Situationen und Freiräume dafür herzustellen. Auch die Ausbildung von Fotografen an den Fachhochschulen sollte sich auf solche Anforderungen in ihrem Lehrprogramm einstellen.

ÄSTHETISCHE MOMENTE

ÜBER DEN INSTRUMENTELLEN UND KOMMUNIKATIVEN Aspekt hinaus gibt es noch eine weitere Verbindung von Fotografie und Wissenschaft. Manche Künstler nutzen wissenschaftliches Material, auch Fotomaterial, das sie z. B. in Archiven finden, als Vorlagen oder auch ganz direkt als Materialien für Kunstwerke und kommen dabei zu ungewöhnlichen ästhetischen Erfahrungen und Aussagen.

Auch für Wissenschaftler kann das ein spannender Vorgang sein, wenn sich Ähnlichkeiten, Analogien oder Assoziationen von Kunstwerk und Wissenschaftsmaterial zeigen. Ein Beispiel: Im Ausstellungskatalog ‚Jakob Mattner: Der Blick in die Sonne' meinte Gerd Weiberg, der Leiter des Einsteinbüros im Einsteinjahr 2005: „Bei aller Unterschiedlichkeit beim Herstellen der Bilder zwischen dem Künstler, der seinen inneren Bildern folgt, und dem zeichnenden Wissenschaftler, der das Gesehene so genau wie möglich abbilden muss, ist man erstaunt, manchmal gibt es sogar einen Erkenntnisschock, wenn man die Nähe, ja das Verwandte sieht." Das gilt auch für die Fotografie. Der Berliner Künstler Jakob Mattner hatte sich für seine lichtvollen Darstellungen der Sonne in den Tiefen des Archivs des Sonnenobservatoriums Einsteinturm Potsdam umgesehen. Wenn Wissenschaft und Kunst, hier eben auch die Kunst der Fotografie, auf ihre je eigenen Weise auf der Suche nach den geheimnisvollen Wirkkräften und Gesetzen unserer Existenz sind, könnte es nicht sein, dass sie sich auch gegenseitig anregen und fördern? Wird die jahrhundertealte Tradition rigider Trennung von Kunst und Wissenschaft sich in einen kreativen Dialog der Moderne verwandeln?

JOCHEN RAHE ▪ *Jochen Rahe ist Soziologe und Publizist. Bereits seit 1972 ist er Mitglied des Deutschen Werkbundes. Heute ist er Mitglied des Vorstandes des Deutschen Werkbundes sowie 1. Vorsitzender der Werkbund Akademie Darmstadt e. V.*

THE SOLUTION WOULD BE to produce photo sequences, photo complexes or comparisons coupled with explanatory texts, sketches, and diagrams etc. However, this demands a high degree of understanding of the relevant problem, sophisticated equipment and especially a lot of time. These conditions are expensive and rarely possible to achieve. Competitions, grants and earmarked research funds can help to create the necessary experimental situations and freedom. These specific demands should also be included in professional photography courses at universities and technical colleges. The affiliation between photography and science extends beyond just the aspects of instrumentation and communication. Some artists incorporate scientific material in their artwork, including photographs retrieved from archives, thus achieving completely new aesthetic experiences and expressions.

EXPOSING SIMILARITIES, ANALOGIES AND ASSOCIATIONS between art and scientific materials can be an exciting experience for scientists as well. For example, Gerd Weiberg, head of the Einstein Office during Einstein Year 2005 is quoted in the catalogue published for the exhibition 'Jakob Mattner: A View of the Sun': "Despite the different approaches to creating an image between the artist, who follows his inner vision, and the scientist who must attempt to produce an exact portrayal of reality, it's astounding, there's sometimes a shock of recognition about how close they are. It's a kinship."

This also applies to photography. The luminous depictions of the sun by Berlin artist Jakob Mattner were inspired by his in-depth research of the archive belonging to the sun observatory Einsteinturm in Potsdam. When science and art, in this case photography, are each in their own specific way on the search for the mysterious forces and laws governing our existence, could it not be that each can also inspire and nurture the other? Will the century-old tradition of separation between science and art metamorphose into a creative dialogue of modernity?

AESTHETIC MOMENTS

JOCHEN RAHE ▪ *Jochen Rahe is a sociologist and publisher. In 1972 he joined the association Deutscher Werkbund. Today he is a member of the board of the Deutsche Werkbund as well as chairman of the Werkbund Akademie Darmstadt e. V.*

DER FORTGANG
DER WISSENSCHAFTLICHEN
ENTWICKLUNG IST IM
ENDEFFEKT EINE STÄNDIGE
FLUCHT VOR DEM STAUNEN
.
ALBERT EINSTEIN

DARSTELLUNG DER IDENTITÄT VON ORTEN

VON KAI KRIPPNER

ENDE DES 19. JAHRHUNDERTS setzte man nicht nur in der Wissenschaft, aber insbesondere dort, große Hoffnungen auf die Fotografie. Sie sollte den „Fluss der Vorgänge festhalten und dem fixierenden Auge eine wesentliche Hilfe sein". (Prof. Dr. Mitchell Ash, Wien).

Die Reproduzierbarkeit und Dokumentierbarkeit des Ergebnisses als evidente Grundlage der wissenschaftlichen Objektivität scheint noch als gegeben. Die aufkeimende Kritik „... im Zeitalter der technischen Reproduzierbarkeit" (Walter Benjamin, 1936) stellt den objektiven Wahrheitsanspruch der Fotografie in Frage, der bis heute von Kommunikationstheoretikern (z. B. Adorno, Flusser, Horkheimer, Sloterdijk) und Künstlern (Warhol, Richter, Polke, Demand, Tillmans und anderen) oder in Ausstellungen (z. B. ‚Covering the Real' im Kunstmuseum Basel 2005) weiter relativiert wurde. In diesem Diskurs ist die Wissenschaftsfotografie besonders gefordert, ihre eigenständige Sprache, Position und Ästhetik zu entwickeln. Hervorragende Beispiele dazu gibt es z. B. vom Anfang des 20. Jahrhundert u. a. aus Amerika und Großbritannien aus den Bereichen der Polizeifotografie, Physiologie, Medizin oder von aktuellen Fotografen wie Volker Steger, Neil Folberg oder Claudia Fährenkämper u. a.

KRISTIAN BARTHEN, WISSENSCHAFTSFOTOGRAF 2008 der Wissenschaftsstadt Darmstadt und der Engineering Region Darmstadt Rhein Main Neckar, hat im September 2008 mit seiner sehr professionellen und spannenden Arbeit, die in einer Ausstellung und dem dazugehörigen Katalog gezeigt wurde, auch einen Aspekt des neuen Themenschwerpunkts der Werkbundakademie Darmstadt, „Wissenschaft im Kontext medialer Kommunikation und deren Ästhetik", der Öffentlichkeit präsentiert. Die Werkbundakademie Darmstadt schreibt jährlich diesen hochrangigen Wettbewerb aus. Kristian Barthen wurde von einer Experten-Jury, besetzt mit Repräsentanten ausgewählter Hochschulen aus dem deutschsprachigen Raum, zum Preisträger nominiert. Er wurde mit der anspruchsvollen Aufgabe konfrontiert, sich mit dem Thema „KreativRäume" zu beschäftigen. Dabei ging es um experimentelle Situationen in Laboren, wissenschaftliche Milieus und interdisziplinäre Situationen in Unternehmen, Hochschulen und Instituten. ▸

WORKPLACE IDENTITY REPRESENTATION

BY
KAI KRIPPNER

AT THE END OF THE 19TH CENTURY scientists set their hopes on photography to "capture the flow of processes and as an important aid for the gazing eye" (Prof. Dr. Mitchell Ash, Vienna).

The results were reproducible and documentable and thus the evident basis of scientific objectivity seemed to be assured. The emerging criticism "… in the era of technical reproducibility" (Walter Benjamin, 1936), first questioned the objectivity of photography. To date these doubts have been further qualified by communication theorists (for example, Adorno, Flusser, Horkheimer, Sloterdijk) and artists (Warhol, Richter, Polke, Demand, Tillmans, among others) and have been the central theme of exhibitions (e. g. 'Covering the Real', Kunstmuseum Basel 2005).

In the context of this discussion, science photography began to develop its own language, position and aesthetics. Some excellent examples of this development can be found in early 20th century police photography, physiology and medical photography especially in Great Britain and America, but also among current photographers such as Volker Steger, Neil Folberg or Claudia Fährenkämper.

IN HIS EXHIBITION and the accompanying catalogue, Kristian Barthen, science photographer 2008 of the City of Sciences Darmstadt and the Engineering Region Darmstadt Rhein Main Neckar, presented his very professional and exciting work to the general public in September 2008. This also included an aspect of the new thematic focus of the Werkbundakademie Darmstadt "Science in the context of medial communication and aesthetics".

Every year the Werkbundakademie Darmstadt sponsors this high-ranking competition. The prize winner in 2008, Kristian Barthen, was chosen by an expert jury of representatives from selected German-speaking universities.

The challenging topic of his work is "Creative Space". This involved considering experimental situations in laboratories, scientific environments and interdisciplinary situations in companies, universities and institutes.

Die Fragestellung des Themas „KreativRäume" in seiner Komplexität war damit herausgefordert: semantisch wie narrativ, komplex wie singulär, metaphorisch wie objektiv, konkret wie abstrakt. Aber auch dezidierte Fragen, wie: In welchen Situationen und Umgebungen arbeiten Wissenschaftler?, Wo findet Forschung und Entwicklung statt?, In welchem Kontext steht die soziale Normativität von Personen und Dingen?, konnten Ausgangspunkt für Barthens fotografische Transformationen sein.

KRISTIAN BARTHEN hat diese spannende Fragestellung weiterverfolgt und in geändertem Kontext eine Serie über die BRAIN AG entwickelt. Folgen wir ihm bei seiner Analyse und künstlerischen Auseinandersetzung in den „durch die Vorherrschaft der Maschinen gekennzeichneten, in Konkurrenz zu einem menschlich determinierten Raum" (Kristian Barthen) und lassen uns von seinen Bildwelten irritieren, bestätigen und widerlegen. Evozieren diese Bilder nicht die Neugierde nach Information, nach Transparenz der Aktion, nach dem urmenschlichen Bedürfnis nach Wissen?

IDENTITÄT

HABEN ORTE IDENTITÄT? Natürlich nicht, aber sie erhalten eine Identität, wenn wir sie betrachten. Ein Widerspruch ist das nicht. Erst indem wir Orte anschauen, geben wir ihnen eine Identität. Das passiert unbewusst und so glauben wir, dass Orte eine Identität einfach besitzen.

Es klingt absurd: Wir – und Identität geben … ? Aber es ist im Grunde derselbe Prozess, in dem wir auch Menschen identifizieren, da wir sie als Objekte betrachten. Der wesentliche Punkt liegt in unserer Wahrnehmung und unserer Verstandestätigkeit. Der Raum ist in seiner Gestaltung und Gliederung so nicht einfach da, sondern kommt erst im Prozess des Bewusstwerdens für uns zustande. Mit den Sinnen nehmen wir die Reize unserer Umwelt auf. Sie sind unser Wahrnehmungsinstrument, sie lösen Empfindungen aus. Im Verstand wird durch Erfahrungsmuster die für die Identität wichtige Bedeutungsaufladung vollzogen.

Wenn man als Fotograf versucht, Identität bildlich zu übermitteln, muss man sich bewusst sein, dass man es mit einem Prozess der Identitätssuche zu tun hat und dass ein Beziehungsgeflecht von Identifikationsprozessen besteht.

This posed a challenge to the basic issues of "Creative Space": semantic and narrative, complex and singular, metaphoric and objective, concrete and abstract.

The topic also raised a number of explicit questions, which became the starting point for his photographic transformations, such as: In which situations and surroundings do scientists work? Where does research and development take place? What is the context of the social normativity of persons and things?

KRISTIAN BARTHEN HAS PURSUED these exciting issues and developed a series about BRAIN AG seen from a new perspective. Let us follow Kristian Barthen in his analysis and artistic discussion into the "… machine dominated space that exists in competition with the human determined space" (Kristian Barthen) and let us be irritated, validated and proven wrong by his imagery.

Do these pictures not evoke a desire for information, transparent action, and for the basic human need for knowledge?

IDENTITIES OF LOCATIONS

DO LOCATIONS HAVE IDENTITIES? Of course not, but they are given an identity when we observe them. This is not a contradiction. It is only when we look at a location that we give it an identity. This happens subconsciously and thus we really believe that these locations have an identity in themselves.

It sounds absurd. How can we give identity? However, it is basically the same process by which we also identify people whom we actually perceive as objects. The important point lies in our perception and intellect. The form and organisation of space does not simply exist, but only reveals itself during the process of ideational realization. We use our senses to detect stimuli from our surroundings—they are our instruments of perception and they trigger emotions. Our mind processes this information and compares it with past experiences thus attributing what is perceived with the meaning required for identity.

In his attempt to convey identity using images the photographer must be aware that he has embarked on a search for identity which embraces a network of identification processes.

▸

Es wird uns nicht möglich sein, diese Komplexität in nur einem Bild zu fassen, das womöglich noch über lange Zeiträume dafür stehen soll. Es können immer nur markante Aspekte verdeutlicht werden, herausgelöste Momente.

RAUM UND ZEIT

DASEIN IST HIERSEIN. Dem Ort gehört das Verweilen an. Während die eigene Lebenszeit stetig abläuft, ermöglicht der Ort die Illusion des Beständigen. Schemata von Ort und Zeit bestimmen unser Denken. Sich Objekten des Orts zu nähern, aber auch das Ganze zu überschauen, eine Art Zoom, eine Art Fokus, bieten eine Möglichkeit des Erfahrens und der Orientierung. Auch die Zeiteinordnung ist eine Form der Orientierung. Im Prozess bestimmen Zeit und Raum die Geschwindigkeit, die Dauer, die Dimension. Dadurch haben sie Einfluss auf die Darstellung. Zoomen, Fokussieren und Zeiteinordnung bilden daher das Erscheinungsbild.

ARBEITEN UND MENSCHEN

DIE ARBEIT IST EXISTENZBEDINGUNG der menschlichen Gesellschaft. Sie schafft Werte, die qualitativ und quantitativ bestimmbar sind. Das Kollektiv bestimmt die Werte. Durch Arbeit gestalten wir uns und unser Umfeld. Wir verteilen Spuren unseres Daseins, verändern die Umwelt, die Orte. Die Produktion des Orts schafft Identität beim Arbeiter, der sie veranlasst, und dieser wird selbst Anlass einer raumgebundenen Identifikation. Orte ohne Menschen sind bedeutungslose Orte. Hinter jeder Idee, jedem Projekt stehen Teams, stehen Menschen. Das Potential der BRAIN sind die Mitarbeiter, aber im weiteren Verlauf der Projekte auch die Öffentlichkeit, die Partner, die Politik. Die Kommunikation dieser Werte sorgt für Nachhaltigkeit und Identifikation des Einzelnen.

TAKTIKEN

DIE DARSTELLUNG VON ORTEN ist wichtig für die Kommunikationsform des Unternehmens. Dafür sind bestimmte Handlungsweisen nötig. Das Umfeld soll aufmerksam betrachtet und erforscht werden. Vier Taktiken sollen hier favorisiert werden. Sie bestimmen die Inhalte der Darstellung, sie haben keine festen Grenzen, sie fließen ineinander, sind jede in der anderen enthalten. Sie verlangen sowohl Kontinuität als auch Unvoreingenommenheit, Erstaunen, kritische Kontemplation.

This complexity cannot be captured in just a single picture — one which will probably exist as the representation of this complexity for a long time. A photograph can only illuminate remarkable aspects — isolated moments.

SPACE AND TIME

EXISTENCE IS PRESENCE. A location is associated with lingering. While one's own time is constantly diminishing, a location imparts an illusion of stability. Schemes of space and time determine our thinking. Our method for experiencing a location and orienting ourselves is to obtain an overall view and approach objects at the location — two actions that can be likened to focussing and zooming. The regularity of time is also a kind of orientation. The speed, duration and dimension of a process are determined by space and time. Thus these dimensions influence the representation. An image is determined by zooming, focussing and a position in time.

WORK AND SOCIETY

WORK IS A FUNDAMENTAL REQUIREMENT for the existence of human society. Work produces measurable quantitative and qualitative values. The collective determines the value. Our work forms our surroundings and ourselves — spreading the traces of our existence, changing the environment, the locations. Forming a location creates an identity which motivates the worker. This motivation in turn induces an identification with the specific location. Locations without humans are meaningless locations. Without people and teams there will be no ideas and projects cannot be completed. The co-workers are the great potential of BRAIN. However, every project also involves the partners, the general public and politicians. The communication of these values ensures sustainability and identification of the individual.

THE TACTICS OF REPRESENTATION

The representation of a location is important for the form of communication of the company. This requires a specific course of action. The surroundings must be carefully observed and researched. Four tactics are favoured here that determine the contents of the representation without imposing rigid restrictions. They intertwine and each is part of the other. They demand continuity but also impartiality, surprise and critical contemplation. ▸

TAKTIK 01 – 04

GESCHICHTE(N) ERZÄHLEN: Eine wichtige Voraussetzung für die Entwicklung von örtlicher und menschlicher Identität ist eine kontinuierliche Auseinandersetzung mit Vergangenem, nicht nur dessen Erhalt. Neue Entwürfe von Lebenskonzepten werden möglich unter der Voraussetzung der Reflexion traditioneller Vorgaben. Darum müssen wir Orte schaffen, an denen diese Reflexionen ausgelöst werden können: Gedächtnis- und Erinnerungsorte.

ASSOZIIEREN, VERGLEICHEN: Wir haben anfangs zumeist undefinierbare Gefühle, wenn wir etwas betrachten. Ob wir unbewusst oder bewusst assoziieren: Wir schaffen einen besonderen Bezug zum Betrachteten. Auf der Suche nach dem Zusammenhang zwischen Gesehenem und Assoziiertem beschäftigen wir uns intensiv mit der Person, dem Gegenstand. Faszination wird zum Erkenntnisprozess.

SO TUN, ALS OB: Evozieren diese Halbsätze nicht sofort fiktive Entwürfe, eigene Vorstellungen, Ideen? Das Spiel, die Möglichkeit, eigene Utopien in Bezug zu dem Ort zu stellen und Impulse zu geben … Im spielerischen Umgang mit unseren Assoziationen erweitern wir unseren Erlebnishorizont. Der Einstieg in die Thematik, die Äußerung von Zweifeln, Diskussionen werden angeregt, so entstehen Visionen die in Realitäten überführt werden können.

DOKUMENTIEREN UND ARCHIVIEREN: Das Erinnern bildet unsere Identität. Ohne Erinnerung ist man nicht. Das Dokumentieren beinhaltet sowohl das Sammeln von Informationen, Bildern, Materialien, von geschichtlich Dokumentiertem als auch das Produzieren neuer Dokumente und dadurch neuer Ideen. Je kontinuierlicher und bewusster es betrieben wird, desto mehr Entdeckungen sind möglich. Je mehr Momente des Prozesses festgehalten werden, umso deutlicher werden einzelne Stufen im Vergleich erkennbar. Ein vielfältiges Archiv soll entstehen, lebendig und kreativ.

TEXTE REGEN AN, NACHZUDENKEN. Assoziationsreihen werden losgetreten. Empfindungen, Bedeutungen motiviert. Die Fotografie spricht die Ratio über das Gefühl an. Andere Horizonte sind erschließbar. Begriffe wie Zoom, Fokus, Perspektive, sind dadurch in feineren Nuancen zu werten. Neue Denkmuster, neue Standpunkte sind dadurch denkbar.

KAI KRIPPNER ▪ *Prof. Kai Krippner ist Grafik-Designer und Texter und arbeitet in eigenen Ateliers in Darmstadt und Saarbrücken. Prof. Krippner ist Vorstand der Werkbund Akademie Darmstadt e. V. Er ist seit vielen Jahren für die Initiative „Darmstädter Stadtfotograf" verantwortlich.*

TACTIC 01 – 04

RELATING A (HI)STORY: One important prerequisite for developing a spatial and human identity is the continuous examination of the past and not just its preservation. The creation of new life concepts is facilitated by contemplating traditional parameters. This is why we need to create locations to promote this process: memorial sites and places of remembrance.

ASSOCIATING, COMPARING: When we first look at something we usually develop indefinable feelings. Through conscious or sub-conscious association we create a specific relationship with the observed. In our search for the correlation between observation and association we are intensely engaged in dealing with the person or the object. Fascination turns into a cognitive process.

ASSUMING THAT: Such half-sentences immediately evoke fictitious plans, new concepts and ideas. The game, the possibility of relating one's own dreams to a location and triggering impulses ... Our range of experiences is broadened through playful handling of our associations. This allows us to become acquainted with the topic, promotes the expression of doubts and stimulates discussions. This is how new visions are developed, which can be turned into reality.

DOCUMENTING AND ARCHIVING: Our memory forms our identity. Without memory there is no existence. Documenting involves collecting historical information, images and materials and producing new documents and through these, new ideas. The potential for making new discoveries depends on the continuity and thoroughness with which the task is pursued. The greater the number of captured moments of a process, the clearer the individual process steps become visible. The objective should be to accumulate a varied archive — vibrant and creative.

TEXTS STIMULATE THOUGHT, activate associations, trigger emotions, and convey significance. Photography addresses rationality via emotions. New horizons are made accessible. The fine differences between words such as zoom, focus and perspective become apparent. New patterns of thought and new points of view are possible. ■

KAI KRIPPNER ■ *Prof. Kai Krippner is graphic designer and writer. He works in his own studios in Darmstadt and Saarbrücken. He is member of the board of the Werkbund Akadiemie Darmstadt e. V. For several years he has also been responsible for the initiative "Darmstädter Stadtfotograf".*

DIE SYMBIOSE

ÜBER FOTOGRAFIE IM BUCH

VON BETTINA SCHREINER

ALS KRISTIAN BARTHEN MICH ANFANG 2009 bat, die Buchgestaltung eines Bildbands zu übernehmen, den er in Zusammenarbeit mit einem Biotechnologie-Unternehmen anfertige, war ich verwundert. Ein fotografisches Buch ist nicht gerade ein gängiges Medium der Unternehmenskommunikation. Das Unterfangen erschien mir ungewöhnlich und mutig. Die Aufgabe, eine Symbiose von unternehmerischem Interesse und fotografisch-künstlerischer Auseinandersetzung in Form eines fotografischen Buches gestalterisch zu begleiten, hatte einen Reiz.

WAS GESCHIEHT MIT FOTOGRAFIEN IM BUCH?

DIE FOTOGRAFIE IST IMMER ABHÄNGIG von der Form ihrer Präsentation. An der Wand, in einer Ausstellung hängend, werden Fotografien anders wahrgenommen als in einem Buch oder in einer Zeitschrift.

Fotografien in Büchern wirken nicht solitär, sie reihen sich in den Gesamtkanon des Buches ein. Durch die lineare Seitenabfolge und die Kombination von Bildpaaren auf einer Doppelseite werden die Fotografien in Szene gesetzt. Sie erhalten einen nahezu filmisch-sequenziellen, narrativen Charakter, selbst wenn der Betrachter das Buch nicht Seite für Seite von vorne bis hinten durchblättert. Ein Buch bietet Raum für kleine oder große Geschichten, für umfangreiche Studien und Serien. Hier kann all dies eine dem Inhalt entsprechende Form finden.

EIN BUCH ENTSTEHT

DIE KONTROLLE ÜBER FORM, Inhalt und Umsetzung eines Fotobuchs liegt aber selten allein in der Hand des Fotografen. Meist sind viele Menschen an der Entstehung eines Fotobuches beteiligt. Welchen Einfluss der Fotograf dabei auf die Gestaltung des Buches hat, ist unterschiedlich. Im Fall dieses Buches wurden den Vorstellungen des Fotografen und der Buchgestaltung viele Freiheiten eingeräumt.

THE SYMBIOSIS

ON PHOTOGRAPHY IN BOOKS

BY
BETTINA SCHREINER

I WAS SOMEWHAT SURPRISED WHEN KRISTIAN BARTHEN asked me to design a photobook about a biotechnology company he was working with at the beginning of 2009. A photobook is an unusual medium for corporate communication. This undertaking seemed to me to be both extraordinary and bold. The task of creating a pictorial book that is the outcome of a symbiosis between corporate interests and the photographic-artistic dialogue appealed to me.

WHAT HAPPENS TO PHOTOGRAPHS IN A BOOK?

PHOTOGRAPHY ALWAYS DEPENDS on the form of presentation. A photograph hanging in an exhibition will be perceived very differently from one printed in a book or magazine. A photograph in a book does not usually appear on its own — it is an integral part of the canon of the book. The linear sequence of pages and the combination of picture pairs on a double-page help to draw attention to the photographs. They seem to acquire a film-like, sequential, narrative character, even if the observer only leafs through the book at random. A book provides the space for small and big stories, extensive studies and series — the contents determine the form.

A BOOK IS CREATED

THE PHOTOGRAPHER very rarely has complete control over the form, contents and production of a pictorial book. Many people are normally involved in creating a photobook. The extent to which the photographer has a say in the design of the book varies. In this case however, both the photographer and the bookdesigner were given a lot of freedom to explore their ideas.

BEI DER BUCHGESTALTUNG GILT ES, die Vorstellungen aller Beteiligten zwischen den Buchdeckeln zu vereinen und den Fotografien wie auch der BRAIN AG einen Rahmen zu bieten, der sich nicht aufdrängt, sondern die Wirkung der Bilder und Texte unterstützt.

SCHAUEN WIR ALSO EINMAL NICHT AUF DIE FOTOGRAFIE und lesen wir nicht den Text. Sondern schauen wir auf das, was sie umgibt: Was bleibt, ist ein Buch. Es besteht aus einer bestimmten Anzahl von Seiten eines bestimmten Papiers, in einem bestimmten Format; aus weißen Räumen, zwischen den Bildern; aus Schrift in einer bestimmten Schriftart, auf bestimmte Art und Weise, in einer bestimmten Farbigkeit gesetzt; gebunden in einem Einband aus einem bestimmten Material und geschützt durch einen Schuber. All diese Faktoren wurden stets so bestimmt, dass sie sich nicht in den Vordergrund drängen.

BETTINA SCHREINER ▪ *Bettina Schreiner studierte Kommunikationsdesign an der Hochschule für Bildende Künste Braunschweig. 2008 erlangte sie ihr Diplom mit einem Buchprojekt. Zurzeit arbeitet sie als Junior Art Directorin in einer Agentur in Braunschweig und ist freiberuflich an verschiedenen Projekten beteiligt.*

EIN BUCH IST EIN DREIDIMENSIONALES OBJEKT, dessen Materialität bei jedem Umblättern spürbar wird. Alle gestalterischen Faktoren multiplizieren sich letztlich und formen das Produkt: den Gesamtcharakter des Buches. Hauptsächlich ist dieser durch die Bildästhetik der Fotografien geprägt. Er wird aber auch der Corporate Identity des Unternehmens gerecht. Eine gewisse formale Disziplin, gepaart mit viel Experimentierfreude und Spaß an ungewöhnlichen Perspektiven findet sich in allen Seiten des Buches, wie auch in allen an seiner Entstehung Beteiligten, wieder. Und so ist die Symbiose schließlich gelungen.

IT IS THE BOOKDESIGNER'S TASK to bring together the ideas put forward by the parties involved and to provide an unobtrusive framework for the photographs and BRAIN AG, which augments the effect of the images and text.

FOR ONCE, LET US NOT LOOK AT THE PHOTOGRAPHS or read the text. Let us focus on that which surrounds these elements: the book, which consists of a given number of pages of a certain size made from a particular type of paper. The pages contain white spaces that separate the images and words written in a particular font and colour. The book itself is covered by a specific material and protected by a slipcase. Each of these elements is designed to be unobtrusive.

A BOOK IS A THREE-DIMENSIONAL OBJECT whose materiality can be sensed at every turn of the page. The multiplication of design factors forms the product: the overall character of the book. Although this character is mainly shaped by the aesthetics of the photographs it also measures up to the Corporate Identity of the company. Every person involved in the creation of the book and each page within it emanates a certain formal discipline paired with an eagerness to experiment and an enjoyment of unusual perspectives — and so, in the end, a successful symbiosis is formed.

BETTINA SCHREINER ▪ *Bettina Schreiner studied communication design at the Braunschweig University of Arts. In 2008 she graduated with a book project. At the moment she works as junior art director at a design agency in Braunschweig and participates in various projects as a freelancer.*

BRAIN AT WORK

VON
KRISTIAN BARTHEN

WAS KANN DAS MEDIUM „FOTOGRAFIE" über Wissenschaft vermitteln? Einerseits dient die Fotografie selbst als wissenschaftliches Instrument, andererseits kann sie als „populärwissenschaftlicher Katalysator" ein Themenfeld oberflächlich illustrieren und durch visuell-ästhetischen Reiz für eine breite Öffentlichkeit interessant machen. Der Versuch, wissenschaftliches Arbeiten, unabhängig vom Fachgebiet, fotografisch zu erklären, stößt meiner Meinung nach unvermeidlich an die Grenzen des Mediums und ist somit zum Scheitern verurteilt.

Schnell wurde mir als Fotograf klar, dass nicht die dem bloßen Auge verborgenen biochemischen Prozesse Inhalt meiner fotografischen Arbeit sein würden, sondern vielmehr die Menschen, die diese Tag für Tag initiieren. Jeder einzelne Mitarbeiter der BRAIN trägt als Individuum mit seinen speziellen Fähigkeiten und seiner Persönlichkeit einen wertvollen und unverzichtbaren Teil zum „Organismus BRAIN" bei. Das wissenschaftliche Arbeiten, das Organisieren von Arbeitsabläufen, oder die Instandhaltung sämtlicher Geräte bilden nur einen kleinen Teil der Vorgänge, die den besagten Organismus zum Leben erwecken. Deshalb war es mir sehr wichtig, alle Arbeitsbereiche des Unternehmens, angefangen bei den Labors über die Büros bis hin zur Werkstatt, abzubilden.

KRISTIAN BARTHEN ▪ *Kristian Barthen studiert Fotografie und Medien an der Fachhochschule Bielefeld. Zu seinen bisherigen Arbeiten gehören ein von der Jürgen-Wahn-Stiftung finanziertes Projekt in Tansania sowie ein weiteres Projekt in Marokko. Mit „Fortschritt" (2004) und „Hauptsache Handwerk" (2008) wurden zwei Buchprojekte realisiert. 2008 wurde Kristian Barthen von der Werkbundakademie Darmstadt zum „Darmstädter Stadtfotografen" berufen.*

DIE FOTOS SIND NICHT ERKLÄREND. Vielmehr erzeugen sie eine Atmosphäre, eine Stimmung, die dem Betrachter auf emotionaler Ebene einen Zugang zu den Menschen, zu ihren Persönlichkeiten und natürlich auch ihren Tätigkeiten verschafft. Es ergibt sich ein Gesamtbild, das die kaum greifbare Komplexität des Arbeitens in einer der kleinsten aller Größenordnungen und dieser Wissenschaft im Allgemeinen thematisiert. Eine geheimnisvolle, futuristische Stimmung, die jedoch weniger einen Blick auf wissenschaftliche Fakten gewährt, sondern ein diffuses, interessantes Moment generiert, welches sich kaum greifen lässt. Ein Empfinden, das den meisten Menschen, die sich nicht mit den abstrakten biochemischen Vorgängen beschäftigen, wohl bekannt sein könnte. Eines, das letztlich auch mein persönliches Empfinden, meine persönliche Ohnmacht beim Versuch des Verstehens und Begreifens dieser Vorgänge widerspiegelt. Somit werden diese Fotografien nicht zum Versuch des Begreifens, sondern zur Visualisierung der Unmöglichkeit des Begreifens.

BRAIN AT WORK

BY
KRISTIAN BARTHEN

WHAT CAN PHOTOGRAPHY TELL US ABOUT SCIENCE? On the one hand, photography itself is used as a scientific instrument. On the other, it can also act as a "catalyst for popular science", providing insights into a particular topic and using visually aesthetic stimuli to trigger the interest of the general public. In my view, any attempt to use photography to explain scientific work must inevitably reach the limits of the medium and is therefore bound to fail.

As a photographer, I quickly realised that I would not make the invisible biochemical processes the subject of my photographic work, but rather focus on the people who initiate them day-by-day. The "organism BRAIN" consists of the valuable and vital contributions made by individual people working for the company and their special skills and unique personalities.

Scientific work, the organisation of work procedures and equipment maintenance are just a small fraction of the processes which keep the organism alive. This is why it was so important for me to portray all fields of activity within the company, from the laboratories to the offices to the workshops.

THE PHOTOGRAPHS DO NOT EXPLAIN. They create an atmosphere, a mood which allows the observer to approach the people, their personalities and their work on an emotional level. The result is an overall picture illustrating the intangible complexity of working at the molecular level and of the scientific discipline itself. A mysterious, futuristic atmosphere is created — not focussed on scientific facts but generating a diffuse, ethereal moment. This is a feeling shared by most people not directly involved in the abstract biochemical processes. It is a feeling known to me, which reflects my own failure at trying to understand these processes. Thus these photographs are not an attempt to understand, but are rather a visualisations of the impossibility of understanding.

KRISTIAN BARTHEN ▪ *Kristian Barthen studies photography and media at the Fachhochschule Bielefeld. His recent work includes projects in Morocco and Tansania. The latter was funded by the Jürgen-Wahn-Stiftung. He has also completed two book projects: "Fortschritt" in 2004 and "Hauptsache Handwerk" in 2008. In 2008 Kristian Barthen was awarded the title of "Darmstädter Stadtfotograf" by the Werkbundakademie Darmstadt.*

THE RESULT IS AN OVERALL PICTURE
ILLUSTRATING THE INTANGIBLE
COMPLEXITY OF WORKING
AT THE MOLECULAR LEVEL AND
OF THE SCIENTIFIC DISCIPLINE
ITSELF
.
KRISTIAN BARTHEN

ES ERGIBT SICH EIN GESAMTBILD,
DAS DIE KAUM GREIFBARE
KOMPLEXITÄT DES ARBEITENS
IN EINER DER KLEINSTEN
ALLER GRÖSSENORDUNGEN
UND DIESER WISSENSCHAFT
IM ALLGEMEINEN THEMATISIERT
.
KRISTIAN BARTHEN

IMPRESSUM

EDITORS:

Dr. Martin Langer, Dr. Holger Zinke

BRAIN AKTIENGESELLSCHAFT

Darmstädter Straße 34-36 | 64673 Zwingenberg

Germany

www.brain-biotech.de

PHOTOGRAPHY:

Kristian Barthen